Insieme Carriera Fare

JOSH DOUGLAS

[Insieme CarrieraFare]

L'intreccio di carriere professionali e Famiglia In collaborazioni accademiche.

Contenuti

1. "Vite collegate" nella scienza - Sfide per le carriere professionaliE modalità di coordinamento

L'argomento di questo libro sono le relazioni all'interno e all'esterno della partnership fattori IL IL carriere professionali da Donne E uomini influenza, se vivono in una partnership accademica. Queste sono partnership In quelli Entrambi compagno Sopra UN titolo accademico E con esso Sopra UN hanno un potenziale molto elevato per le carriere professionali. Diversi sub-ricerche A carriere professionali da Donne E accademici spettacolo, che le accresciute risorse formative e le esperienze professionali di Donne frequentemente Non in professionale carriere E su con esso livello di coppia non essere convertiti in una doppia carriera. Tale è la proporzione dei cosiddetti Coppie monoreddito, in cui è impiegato solo l'uomo, con accademici le società di persone sono scese dal 44% (1971) al 17% (2004) (cfr. Solga/ Rusconi 2008). tuttavia posizione Anche 2004 IL Porzione A coppie accademiche, in cui entrambi hanno svolto un'attività professionale a tempo pieno, solo a 30% In molti Questo partnership ha si con esso IL ruolo professionale IL Donnei cambiamenti, cioè Lei andare Oggi maggioranza un impiego Dopo. Tuttavia, ciò accade spesso a tempo parziale e non sempre di conseguenza il loro livello di istruzione. Nonostante i notevoli investimenti formativi di entrambi compagno ha IL plurale IL collaborazioni accademiche NO doppia carrieradisposizione.

Perché è così difficile ottenere una doppia carriera? E perché falliscono ancora per lo più a causa della carriera della donna? In questo Un libro Volere Noi Risposta SU Questo Chiedere Dare E noi incluso in particolare con le carriere professionali di donne e uomini nella scienza occupare. Il presupposto di base delle nostre analisi è che la doppia carriera sono il risultato di fattori interni ed esterni che non lo sono l'un l'altro atto, Piuttosto In uno reciproco Relazione l' uno all'altro in piedi. Ciò significa che le istituzioni del mercato del lavoro determinano congiuntamente le logiche di carriera e le culture professionali delle discipline scientifiche e gli accordi di coordinamento intra-partner, in quale misura IL ritmi IL percorsi di carriera IL Entrambi compagno gerarchico O non importa

JOSH DOUGLAS

tär essere riconciliato (può essere) e se il rispettivo professionista successo di entrambi Partner (dis)uguali è (vedi sezione 1.3).

La base dati del libro è la raccolta di oltre 1.300 standard Interviste sul corso della vita con scienziati di diversi paesi Tedesco collegi così come da 45 tematico qualitativo Interviste (vedi sezione 1.4). Queste interviste e la loro analisi hanno avuto luogo in Nell'ambito del progetto "Fai carriera insieme. L'intreccio di carriere professionali E Famiglia In collaborazioni accademiche" al Conoscenza- Social Research Center Berlin (finanziato dal BMBF e il Fondo sociale europeo, cfr. Prefazione In Questo Un libro).

L'oggetto di questo capitolo è, in primo luogo, le nostre analisi del settore professionale Scienza così come IL storico Sviluppo da carriere nel Incorpora il contesto della coppia (vedi Sezioni 1.1 e 1.2). Dopo di che commenti sul quadro analitico e sulle questioni centrali posizioni del libro (Sezione 1.3), sulla base di dati (Sezione 1.4.) così come la definizione di doppia carriera usata nel libro (Sezione 1.5). Infine, importanti risultati della successiva i capitoli per quanto riguarda la questione centrale del libro dopo il ostacoli per E condizioni realizzative da doppia carriera In Collaborazioni accademiche contabilizzate (Sezione 1.6).

1.1 Donne nella scienza

La più antica università d'Europa è la Facoltà di Giurisprudenza di Bologna 1088 Con esso Aspetto europeo collegi SU uno Sopra 900 anni Storia indietro - una storia, tuttavia, da cui le donne fino all'ultimo dieci anni sono stati costantemente esclusi. Negli Stati Uniti, le donne lo erano ammesso per la prima volta al college nel 1833. In Europa ci volle reitern" Francia e Svizzera fino al 1865. E in Germania divennero donne Anche non prima del 1908 IL Accesso in cui studiare tutti paesi del tedesco Reichs ha permesso (Geenen 1994: 23f.). Tuttavia, fino al 1920 gli fu permesso non abilitare (Mertens 1989: 5). Le carriere professionali delle donne in della scienza su scala più ampia sono quindi un fenomeno relativamente giovane uomini.

L'aumento della percentuale di donne tra gli studenti in Germania fino a alla parità odierna di circa il 50% è stato un lungo processo. Fino a All'inizio del Terzo Reich, la percentuale di donne tra gli studenti aumentò successivamente in tempi relativamente brevi al 19% (1932). Con il genere fortemente tradizionale Dopo l'ideologia del nazionalsocialismo, la proporzione delle donne è nuovamente aumentata 15% (1939) (Mertens 1989: 3). Solo il 1950 era nelle due parti Di COSÌ condiviso di Germania IL livello IL Weimar repubblica Ancora

"Collegato Vite" in Scienza

raggiunto. Dagli anni '60, il miracolo economico e il all'inizio dell'espansione educativa, la percentuale di donne aumenta costantemente, anche se con velocità diverse nella RDT e nella RFT. Mentre esso l'uguaglianza di genere nella RDT già dalla metà degli anni '70 quando si trattava di studiare (Geißler 1996: 278), questo è durato nella Repubblica federale di Germania o nella Germania riunificata fino al passaggio al 21° secolo. IL degradazione da disuguaglianze al generale Accesso per il Studi tra giovani uomini e donne è durato quasi un anno centinaio.

Fra IL soggetti dà Esso misurare differenze per quanto riguarda Di storia di questo sviluppo così come nella proporzione di donne raggiunta oggi. Così studiato già nella Repubblica di Weimar le donne soprattutto medicina e filosofia materie cal. Nel Terzo Reich, la suddetta diminuzione delle donne condividere non c'è modo uniformemente Sopra Tutto soggetti distribuito. dato Di Contrario- tra credenze ideologiche e interessi economiciDa allora, la percentuale di donne in medicina e farmacia è aumentata; soprattutto nel filosofico soggetti così come IL Scienze giuridiche affondò Lui Tuttavia(cfr Mertens 1989).

Questa *segregazione orizzontale* nei campi di studio delle donne e uomini mette si Fino a Oggi lontano. COSÌ bugie Per esempio Oggi IL percentuale di donne tra gli studenti del primo anno della medicina umana e del linguaggio e studi culturali rispettivamente al 66% e al 74%, in matematica e in the scienze naturali al 41% e ingegneria al 22% (per favore, riferisci Illustrazione 1.1). Responsabile per questo Sono non Di più formale accesso restrizioni, ma processi di socializzazione, ideologie di genere e cultura professionale stereotipi sessuali così come specifico del lavoro Carriera-opportunità per le donne (cfr. Solga/Pfahl 2009).

In tutte le discipline, tuttavia, la percentuale di donne del Il dottorato diminuisce ad ogni livello di carriera, cioè le donne in misura maggiore COME Anche educato Uomini IL scientifico carriera Partire (dovere) (vedi Figura 1.1). Rispetto agli anni '90 sono qui però alcuni miglioramenti da notare, tuttavia, è particolarmente evidente in le cattedre – soprattutto al livello più alto (il programma C4 o W3) fessuren) – un ulteriore forte calo della quota di donne rispetto a quelli con un dottorato, cattedra junior o abilitazione. Il confronto di Indicano le nomine alle cattedre C4 e W3 (nominate dal 2005).

mostra una leggera tendenza al rialzo; Lo stesso vale per il confronto del en proporzione di cattedre minori e abilitazioni. dato che Il cambio generazionale e la conseguente maggiore possibilità di nuove nomine a cattedre negli ultimi dieci anni, questa società Tuttavia, la differenza o l'aumento possono essere valutati come relativamente piccoli. Dopo finendo Di alternanza di generazioni (cioè lontano ca. 2016) diventare – senza ver-pari espansione universitaria Come FINE IL 1960 E A inizio il *JOSH DOUGLAS*
Anni '70: sono state ricoperte molte meno cattedre, quindi quelle femminili quota (escluse le "quote" o altri effettivi sforzi per le pari opportunità) si muoverà quindi ancora più lentamente verso l'alto, se si trova sotto il Condizioni di tale carenza di posti di lavoro e aumento della concorrenza affatto continuerà a salire.

Figura 1.1: Percentuale di donne in diverse fasi di un scientificopegno Carriera, 2009/2010 (in %)

Fonte: statistico ufficio federale (2009a: Scheda. 4; 2009b: Scheda. 3, 12; 2010: Scheda. 7)

La sinossi di questi risultati mostra che la sproporzionata lussuria delle donne nelle diverse transizioni di un scientifico chen carriera è presente in tutti i gruppi disciplinari. Egli trova non solo nel maschile dominato discipline Come IL ingegneria O Le scienze naturali si svolgono, ma anche nelle discipline miste di Scienze sociali, diritto ed economia e anche al femminile discipline dominate come la linguistica e gli studi culturali o medicina umana. Proporzioni crescenti o addirittura uguali di donne nello studio Pertanto, laureati e tirocinanti non portano automaticamente in aumento o pari opportunità per le donne a ulteriori livelli di carriera accademica con se stesso. Con lo studio delle donne, l'uguaglianza nel mondo accademico mercato del lavoro – e, come vedremo (vedi capitoli 3 e 4 in questo sem Un libro), nel lavoro familiare - non inevitabilmente dato.

"Collegato Vite" in Scienza

Certamente, l'università non solo forma per la scienza, e non tutte le donne e gli uomini studiano e fanno un dottorato con l'obiettivo professionale scienza o cattedra. Tuttavia, sorge la domanda sul perché Un numero significativamente inferiore di donne rispetto agli uomini intraprende o intraprende questo percorso professionale rimanere nella scienza e (può) raggiungere posizioni di vertice lì. Questa domanda si pone tanto più quanto le opportunità di carriera al di fuori del Scienza non assolutamente uno attraente alternativa per Donne rappresentare. Al contrario, è evidente anche lì che le donne non usano le loro qualifiche nel Stesso Scopo Come Uomini In professionale carriere E posizione di leader può implementare (cfr. Holst 2009; Holst/Wiemer 2010). E anche se si presume che alcune donne non *vogliano entrambi* , né un'auto lavorare nella scienza o negli affari o nell'amministrazione - rimane così la domanda rimane ancora perché no, quando sono nell'istruzione (in alcuni casi fino al dottorato) hanno investito tanto e per tanto tempo Uomini. Questo libro affronta queste e altre domande (cfr Sezione 1.3).

Tuttavia, per rispondere a questa domanda, è importante non solo questo Requisiti E ostacoli nel campo professionale IL Scienza A considerare, ma anche il contesto di vita e familiare delle donne. Solo uno incorporamento da requisiti di carriera, professionale decisioni E I percorsi di carriera nel contesto di coppia possono essere una questione di capacità e volontà così come le barriere e le condizioni di realizzazione della scienza Le carriere delle donne - rispetto agli uomini - hanno risposto adeguatamente diventare (vedi sezione 1.3).

1.2 Requisiti per le carriere scientifiche nel confezione doppia

Come accennato in precedenza, storicamente le donne sono relativamente nuove Aspetto" presso le università tedesche. Ma sebbene la percentuale di donne tra IL studenti forte è aumentato È, era E È IL Scienza dato Di Basso percentuale di donne SU cattedre Sempre Ancora uno Istituzione, IL dagli uomini a forma di diventa E di chi percorsi di carriera tradizionale genere mus soggetti alla divisione professionale e privata del lavoro (Geenen 1994: 23). Carriere accademiche e loro requisiti sotto forma di linee guida cambiamenti, culture del lavoro, strutture temporali, nonché aspettative di età e disponibilità si basano ancora – almeno implicitamente – sul tipo ideale di "biografia normale" maschile (cfr. Geenen 1994; Jacobs/Winslow 2004; Cavalieri/Riccardi 2003; lunedì 2010). Ciò di cui c'è bisogno è quindi incentrato sul lavoro Stile di vita con una biografia professionale semplice e completa. Come da sandro Beaufays (2003: 243) degno di nota descritto, diventa dagli scienziati una devozione indivisa e una completa identificazione catione con suo Professione previsto. COME legittimo indicatori per questo, Quello persone anche questo (apparentemente) vive , tra l'altro serve simbolicamente comprendere pratiche come la disponibilità a tempo pieno, l'orario di lavoro su FINE O IL Affrontare più a lungo E più insicuro percorsi di carriera (con uno reddito relativamente basso). frequenza e flessibilità oraria così come le rinunce monetarie sono ancora considerate una prova più forte di intrinseco sic Motivazione, Determinazione E sforzo COME uno altezza Qualità di lavoro o di elevata produttività nonostante i limitati (disponibili) Tempo.

IL compimento O. soddisfacibilità Questo comune E lungo termine gli "indicatori di prestazione temporale " influiscono direttamente sulla situazione della vita

privata E modo di vivere da scienziati. IL scientifico cultura professionale necessario IL intero Persone E mette con esso IL scarico
"attraverso un tacito lavoro di fondo" (per la famiglia e possibilmente per i bambini di cura) così come la flessibilità spaziale e temporale illimitata agisce davanti a un'altra persona, soprattutto la donna (cfr. Beck-Gernsheim 1983; Moen/Roehling 2005). Questo crea il tempo necessario e spaziale spazi liberi per IL Compagno, di chi scientifico Carriera La priorità è essere fisicamente idonei per il lavoro e i requisiti del lavoro E mentale ovunque essere disponibile A Potere.

Questo professionale-privato "Bilancia" IL divisione del lavoro È per il UN per le donne che vogliono intraprendere una carriera scientifica, di norma non dato E diventa per il altri Anche per Uomini COSÌ parzialmente Attraverso ha messo in dubbio l'aumento delle partner femminili con un'istruzione accademica. Inizio di Negli anni '70 solo un laureato su sette (dai 30 ai 50 anni) lo aveva Uomo In Germania dell'Ovest uno accademico educato socio (15%); nel Nel 2004 era già uno su tre (in tutta la Germania; cfr. Rusconi/ Solga 2007). Le donne con una laurea, d'altra parte, lo avevano a quel tempo come oggi, circa la metà di loro ha anche un partner con una formazione accademica. Con l'espansione educativa tra il 1971 e il 2004, la proporzione di Partnership accademiche da solo l'1% di tutte le coppie (della Germania occidentale) al 9% (Tutto tedesco) aumentata (Rusconi/Solga 2007: 312).

Inoltre, c'è un altro sviluppo interessante e rilevante zione sul contesto di coppia degli accademici. Nel 1971 una donna su tre viveva con loro un titolo accademico senza un partner con cui erano gli uomini solo l'11% (cioè circa ogni nono). Quella percentuale di single è rimasta con il (dai 30 ai 50 anni) donne relativamente costanti nel tempo, tra gli uomini tuttavia, è salito al 27%. Cioè, anche per le persone con un'istruzione accademica uomini oggi, quasi un terzo non vive con a Partner "legato" o "supportato". Questo sviluppo può essere consapevoli del fatto che gli uomini altamente qualificati affrontano crescenti difficoltà Avere, uno "tradizionale" Donna A Trovare, e o UN è aumentato interesse

"Collegato Vite" in Scienza

iniziare ad affermarsi professionalmente prima di trovare un partner lancia con uno comune Domestico E possibilmente con bambini accedere.

Le coppie accademiche tedesche sono spesso - e più spesso delle coppie con altri le loro costellazioni educative: coppie a doppio reddito. La ragione di ciò è il dagli anni '90 c'è stato un forte aumento della forza lavoro formato Donne (Vedere. Rabbia/Konegen-Grenier 2008). Questo saluti Anche accademia Mike coppie con bambini. In loro rinunciare Donne Oggi chiaramente meno comune a un lavoro retribuito rispetto a prima. Mentre nel 1971 ogni secondo Aka-coppia con almeno un figlio in età scolare o minorenne solo l'uomo era impiegato, nel 1997 questo valeva solo per tutti terza coppia e nel 2004 ogni quinta coppia (Rusconi/Solga 2007: 319; 2004).

Tuttavia, questo non significa che i due partner Le coppie a doppio *reddito* hanno ciascuna una carriera e quindi *raddoppiano realizzare* . Anche nel 2004 una persona su cinque (dai 30 ai 50 anni) lavorava donna con istruzione accademica in un lavoro che non richiede un diploma universitario (Rusconi/Solga 2007: 318). E quindi si può affermare che il Realizzazione di doppie carriere principalmente in partenariati accademici restrizioni IL professionale Sviluppo IL Donne non riesce.

In IL Scienza, ci sono differenze simili tra gli uomini e le donne per quanto riguarda il sostegno da un "back-back" non retribuito lavoro di base" o per quanto riguarda la vita in un partenariato accademico. Mentre scienziati SU al Lontano al cattedra più spesso COME erano uomini senza un partner o per lo più con un accademico uomo sposato e in un accordo a doppio reddito, se non a doppia carriera gesti vissuto avevo suo maschio Colleghi più spesso Donne senza titolo accademico così come UN- O "soltanto" accordi a doppio reddito. Lo dimostra uno studio sui professori delle università tedesche a Mitte gli anni 2000 che circa il 90% dei professori in un sodalizio stabile vissuto Ma "soltanto" 66% del loro colleghe donne (Stanza/Krimmer/Stallmann 2007: 148). Inoltre, sebbene gli accordi a doppio *reddito* per i professori sorin Come professori IL maggioranza forma di vita rappresentare, Ma Mentre quasi tutti i soci dei professori erano impiegati continuativamente, era del resto quasi un quinto dei soci dei professori (almeno temporaneamente) non occupati. Dopotutto, circa un terzo dei partner lo era professoresse donne Anche docente universitario (A IL professori erano Questo soltanto5% dei partner), mentre quasi un quarto (23%) dei loro partner colleghi maschi sono stati insegnanti (Krimmer/Zimmer 2003: 29). Ciò significa che gli scienziati uomini e donne sono molto diversi diverse sfide e risorse per la realizzazione di a accademico Carriera. COSÌ sentito ad esempio B. IL professione docente A quelli professioni,che sono richiesti ovunque (cfr. Cooke 2003); questo facilita la ricerca del lavoro A uno nuovo Posizione, Se IL Paio per colpa di *il suo* la carriera scientifica deve spostarsi. Un sondaggio delle università tedesche del 2000 mostra inoltre, che le amministrazioni universitarie si ritenessero in grado, in particolare, per supportare la ricerca di lavoro di partner di professori di nuova nomina, se questo insegnante erano (cfr. Rusconi/Solga 2002; Solga/Rusconi 2004).

Per le donne, una carriera nella scienza è più spesso associata restrizioni quando si crea una famiglia.

Rispetto all'università solventi nel generale erano scienziati A Tedesco Università molto più spesso - anche stabilmente - senza figli. durante tre un quarto di tutte le donne con istruzione accademica (oltre i 43 anni) aveva figli, era solo la metà delle scienziate (Metz-Göckel/Selent/ Schuermann 2010: 20). [1] Inoltre, le scienziate avevano riclassificano meno (e meno) bambini rispetto ai loro omologhi maschi Differenza che aumenta con l'età o il livello di carriera. [2] im Nel 2006 i due terzi dei professori erano donne, ma solo un terzo dei professori senza figli (Vedere. Metz-Göckel/Selent/Schuermann 2010). [3] Al scientifico edificio centrale (In IL promozionale o post-dottorato). l'assenza di figli delle donne è ancora più alta (75%) - tuttavia data la minore età, qui nacquero probabilmente alcuni bambini. Anche qui più uomini che donne hanno già figli, anche se il differenza tra uomini e donne in questa fase della carriera è inferiore a A IL professori. tuttavia Avere Anche Uomini In Questo Passaggi di stato spesso senza figli (ancora) (71%). Questa alta assenza di figli abilità tra gli uomini e soprattutto tra le donne nelle università tedesche gli autori dello studio sui requisiti speciali e l'occupazione condizioni nel (Tedesco) sistema scientifico ritorno, IL Attraverso lunghi percorsi di qualificazione e contratti di lavoro prevalentemente a tempo determinato metà IL cattedra segnato Sono. Chiedi anche Lei Da FINE IL anni '90 un deterioramento - una "precarizzazione crescente" - IL condizioni generali per scientifico carriere E con esso aumentare

---

[1] I dati si riferiscono a Baden-Württemberg, Berlino, Brandeburgo, Bassa Sassonia, Renania settentrionale-Vestfalia, Renania-Palatinato, Sassonia e Turingia, che insieme costituiscono circa il 60% del personale scientifico delle università tedesche (Metz-

Göckel/Selent/ Schuermann 2010:18).

2   Nel caso degli scienziati di età compresa tra 21 e 29 anni, questa differenza di genere lo era solo un punto percentuale, rispetto ai sette punti percentuali tra i 43 e i 53 anni (Metz- Goeckel/Selent/Schuermann 2010: 20).

3   Nello studio di Zimmer, Krimmer e Stallmann (2007: 147f.) "solo" un quinto del professori, ma la metà delle professoresse sono senza figli. In quest'ultimo c'era un notevole differenza est-ovest: mentre quasi tutti (anche se pochissimi) pro- le professoresse che avevano conseguito il dottorato nella RDT avevano figli (94%). meno della metà dei loro colleghi della Germania occidentale (43%). Vedere le spiegazioni per questo Autori in una diversa logica di carriera per le carriere universitarie nella RDT, che dem Seguì il principio del "tenure track", in un'offerta di assistenza all'infanzia ben sviluppata così come in una minore attrattiva della scienza come professione (Zimmer/Krimmer/ stalliere 2007: 151 ss.).

"Collegato Vite" in Scienza

porre fine alla vulnerabilità, quella che dà inizio a un confinamento familiare (può), inamovibile (Metz-Göckel/Selent/Schürmann 2010: 14). Questa affermazione è successivamente rafforzata dal fatto che non ci sono prove che il desiderio di avere figli sia in espansione tra le donne qualificate varia da quello di altre donne; in realtà, anche la maggior parte di loro ha effettivamente bisogno di un bis due bambini (vedi Parte 3 in questo libro e Esping-Andersen 2009: 28).

Nonostante i progetti temporali funzionanti e le vulnerabilità monetarie nella scienza sono anche i corsi di azione di orientamento delle associazioni dieci dai ricercatori variabile non meno enorme per questo, se e quando i bambini concepiti diventano. I bambini non sono un problema per il ricercatore maschio "per quanto tempo sono in una proporzione di orientamento abituale nella loro divisione riservata del lavoro" (Metz-Göckel/Selent/Schür-mann 2010: 10) - e innegabilmente più spesso delle donne possono tornare a palude. Ad esempio, Zimmer, Krimmer e Stallmann (2007: 154) mostrano che gli insegnanti maschi solo in singoli casi hanno l'obbligo primario per quanto riguarda la considerazione dei loro studenti pre-giovani (2%) e solo una minoranza sul tutoraggio esterno (privato o pubblico) offerte rivolte ad ha (7%) At due terzi divenne IL Bambini

– "tradizionale" – curato principalmente dal partner. al professore non sorprende che l'immagine fosse molto diversa. Hanno usato anche 40% offerte di assistenza private o pubbliche; quasi un quinto curato i loro figli per lo più loro stessi e almeno un altro quinto la responsabilità dell'assistenza all'infanzia è stata condivisa con il partner. Quest'ultimo è un primo indicatore che gli uomini accademicamente istruiti sempre più spesso viene chiesto ai bambini di prendersi cura dei propri figli o vogliono essere presi, così che anche loro hanno maggiori difficoltà (diventare), l'affermazione onnicomprensiva della scienza standardizzata maschile Di più Essere in grado di (o di Volere).

1.3 "Vite collegate" - Quadro analitico e domande del libro

In sintesi, questi sviluppi storici ed empirici fatto che ogni decima coppia in Germania è una coppia accademica è - una tendenza che continua con l'istruzione superiore di uomini e donne aumenterà (cfr. Blossfeld/Timm 2003; Skopek/Schulz/Blossfeld 2009). Si può anche osservare che in molte di queste unioni le donne sono più frequentemente impiegati e le forme di monoreddito sono in declino, Sebbene Lei Anche Ancora Sempre non marginale Sono. Finalmente è a contro affermano che nonostante i notevoli investimenti in formazione da parte di entrambi i partner , *pelcareerarrangiamenti* NO sono una cosa ovvia.

Alla luce di questi risultati e sviluppi della ricerca, il centro La tesi centrale di questo libro è che la sottorappresentazione delle donne in le posizioni di leadership nella scienza sono causate anche dal fatto che Le donne la strada per una cattedra in connessione con la carriera professionale del loro partner, cioè come *doppia carriera* , deve avere successo (poiché gli uomini da un lato probabilmente non rinunceranno alla carriera e dall'altro a un ruolo il baratto e quindi la discriminazione contro gli uomini non è auspicabile risultato in termini di uguaglianza). Consapevole del fatto che la stragrande maggioranza delle donne e degli uomini in un partner comunità, rinunciando a una partnership per una carriera, Se questo affatto è vantaggioso, no obiettivo desiderato Essere.

Tuttavia, le doppie carriere sono soggette a sfide specifiche: da un lato il coordinamento spazio-temporale di due - nello scientifico lancia soprattutto lungo termine più insicuro – carriere E d'altra parte IL pretese da adempiere contestualmente nei confronti del

partner e, se del caso, del genitore lancia. Queste reciproche sfide professionali e private possono IL opportunità di sviluppo professionale partner principalmente il Donna
– limitarli o prevenirli del tutto. Da qui le opportunità di carriera da (associazione limite) Donne In soprattutto alla scienza le possibilità di realizzazione Doppia carriera legata.

A differenza di altri studi, che guardano solo al professionista sviluppo delle donne (con e senza figli) rispetto agli uomini o IL Mercato del lavoro- E strutture organizzative più professionale carriere quindi includiamo sistematicamente il *livello di coppia* nel ns con un. Per questo non è sufficiente identificare solo le caratteristiche individuali tempi dei due partner da prendere in considerazione. Piuttosto, l'intreccio lo sviluppo professionale di entrambi i partner e la divisione del lavoro familiare sviluppo a prestare particolare attenzione alle sue dinamiche (cfr Moen 2003). Questi intrecci e accordi di coordinamento ne sono il risultato e allo stesso tempo fattori centrali che influenzano il modo in cui le coppie affrontano il sociale, quadro culturale e istituzionale nella loro dimensione professionale e gestire le decisioni familiari. Anche se le condizioni esterne sono svantaggiose per le donne – con o senza una partnership – lo sono anche non sono affatto deterministici. Per le donne in società questo significa che le loro opportunità di carriera sono limitate dagli accordi interni di coppia e dal genere attribuzioni terroliche In del loro Effetto amplificato o essere ridotto Potere. Quali accordi intra-coppia ci sono in termini di intreccio due carriere professionali e partnership con scienziati in diverse fasi della carriera e quale influenza hanno a breve e lungo termine sulle opportunità di carriera delle donne nella scienza soggetto del libro.

"Collegato Vite" in Scienza

Nell'esaminare questa tesi o le condizioni per la sua realizzazione di doppie carriere di coppie accademicamente istruite ne assumiamo una modello a tre livelli, in cui i fattori di carriera sono basati sull'individuo, livello esterno e di coppia-interno, lo sviluppo professionale possibilità IL Entrambi compagno influenza (Vedere. Rusconi/Solga 2008; 2010). Costellazioni di carriera e accordi matrimoniali delle coppie Sono Attraverso Questo reciproco interazione IL tre livelli Tuttavia affatto stabile (vedi capitolo 2 in questo libro). Sono soggetti a quelle dinamiche. Questi derivano dal cambiamento dei requisiti esterni (a causa di cambiamenti nel mercato del lavoro e nell'organizzazione delle carriere all'interno e all'esterno della scienza), attraverso la professione Transizioni di uno o entrambi i partner, anche attraverso la nascita di figli infine dal cessazione e il nuovo inizio delle collaborazioni.

SU IL *livello individuale* influenza processi IL professionale segregazione le opportunità di carriera di donne e uomini - anche completamente indipendenti da il loro coinvolgimento in una partnership (cfr. anche Krimmer/Zimmer 2003). Come brevemente delineato nella Sezione 1.1, young ge donne e uomini nei loro soggetti. Come spesso accade in letteratura è occupato, si combinano con questa segregazione orizzontale dell'accademico disparità di opportunità di carriera nel mercato del lavoro (processi di segregazione verticale) in termini di retribuzione, modelli di carriera e opportunità di avanzamento (cfr. ad esempio Allmendinger/Podsiadlowski 2001; Anger/Konegen-Grenier 2008; Inghilterra 2005). L'accesso delle donne a posizioni dirigenziali riguarda anche - indipendentemente dal campo di studio - attraverso pratiche discriminatorie ken dai datori di lavoro, ad esempio B. da processi di statistica Discriminazione, attraverso la quale generalizzata nelle donne di basso livello si ipotizza una maggiore produttività (cfr. England 2005; Konrad/Cannings 1997; Reskin/Padavic 1994). IL Conseguenza Sono minore opportunità per Donne nel reclutamento per o promozione a posizioni dirigenziali.

Questi processi di segregazione orizzontale e verticale sono intensificati due ulteriori processi di segregazione: informale e contrattuale differenze nell'occupazione di uomini e donne. Mostra così Studi che le reti professionali sono segregate per genere E alto qualificato Donne meno In IL "Alto relazioni di fiducia". professionale reti incluso Sono (Vedere. Allmendinger eccetera al. 1999; Al- sen/Oppen/Simon 1999; Wimbauer 1999). Le donne non mancano solo formazioni Sopra IL requisiti di carriera E -criteri IL soprattutto comitati di selezione maschile per il riempimento scientifico posizioni economiche; non solo hanno meno possibilità di farlo una "reputazione" che li conosce nelle procedure di reclutamento dà loro una percezione mung del loro Servizi E guadagni di reputazione fornito. Lei Avere allo stesso tempo meno possibilità di generare fiducia, che però uno essenziale Precondizione per collaborazioni O uno professionale (caricamento) la promozione è. Inoltre, le opportunità di sviluppo professionale Le donne sono colpite da condizioni di lavoro contrattuali spesso peggiori. Fanno più spesso i loro dottorati di ricerca con borse di studio; raramente hanno un lavoro a tempo pieno le (anche se lo desideri); i loro contratti di lavoro sono più frequenti e con termini più brevi rispetto agli uomini (cfr. Metz-Göckel/Selent/ Schuermann 2010; Zimmer/Krimmer/Stallmann 2007). Anche Questo limita loro integrazione professionale e opportunità di sviluppo professionale (cfr. ad esempio Gash/Mcginnity 2007; Webber/Williams 2008).

Questi processi di segregazione professionale

conducono, inizialmente in modo indipendente del fatto che le donne vivano o meno in una società - troppo disuguale Mercato del lavoro- E opportunità di carriera da Donne E uomini. tuttavia di cui hanno bisogno per le relazioni di coppia interne e gli accordi di intreccio in nessun modo rimangono inalterati da due lavori. Perché questi diverse prospettive di carriera e posizioni nel mercato del lavoro dieci per i rapporti di coppia (eterosessuali) che le opportunità di carriera nel Le coppie sono distribuite in modo diseguale e le decisioni nella coppia pro o contro influenzare la carriera dell'uno o dell'altro.

A *livello di coppia esterna,* le opportunità professionali delle donne e uomini influenzati dall'essere in una società vivere, muoversi sui mercati del lavoro come partner (e possibilmente genitori). IL Libertà di progettazione e azione per uomini e donne in coppia partnership in cui entrambi i partner (vogliono) perseguire una carriera a causa delle esigenze professionali temporali e spaziali, spesso contrastanti lotte dei due coniugi nonché esigenze familiari (cfr. Rapport/Rapoport 1969; sunrt 2005).

La mobilità spaziale legata al lavoro prevede una formazione accademica Le coppie rappresentano una sfida centrale (cfr. Hess/Rusconi/Solga 2011a; Sonetto 2005). Gli accademici si spostano più spesso della media e vita più spesso In multilocale forme di vita (ogni giorno E fine settimana pendolarismo e convivenza separati) a causa della mobilità spaziale un elemento essenziale dello sviluppo professionale delle persone con a un titolo accademico (cfr. Becker et al. 2011; Büchel/Frick/Witte 2002; taglierina et al. 2008). Risultato si esigenze di mobilità SU- a causa di due carriere, queste sono spesso in conflitto con la stabilizzazione esigenze familiari. Allora è soprattutto la donna che la guarda Carriera dimenticata, soprattutto quando ci sono bambini (vedi sotto). E così dimostra che le donne nelle collaborazioni e soprattutto soprattutto in quelli con bambini che sono meno mobili delle persone single o si spostano più spesso insieme al proprio partner (cfr. Becker et al. 2011; Schneider et al. 2008).

Una strategia utilizzata dalle coppie quando si tratta di mobilità è quindi soprattutto cercare lavoro nelle regioni in cui i due partner hanno un buon mercato del lavoro zione promettere (Vedere. Costa/Kahn 2000; Moen/Wethington 1992). A proposito

"Collegato Vite" in Scienza

Inoltre, i datori di lavoro (istruzione superiore le), come il job sharing, la doppia assunzione o il supporto con il ricerca di lavoro al di fuori di IL Università, fuori da Questo Terra sempre più pertinente

– soprattutto nelle sedi universitarie "isolate". Anche se un l'impiego nello stesso luogo può essere vantaggioso per la società e la famiglia può, questo non deve necessariamente essere il caso per le prospettive di carriera dei due partner per essere il caso. Forse le opportunità professionali cen uno o entrambi i partner meglio altrove, quindi il compromesso a un posto A vita E A lavoro, A professionale restrizioni per guidare uno o entrambi i partner e quindi la realizzazione di un progetto a lungo termine la doppia carriera può mettere a repentaglio (cfr. Rusconi 2002).

Anche le offerte di assistenza all'infanzia giocano un ruolo a livello di coppia-esterno un ruolo importante. Dipende molto dal se e dal quale Ambito Le coppie con figli possono esternalizzare i bisogni di cura (vedi livello intra-coppia sotto). In Germania in particolare, il lingue per questo molto insufficiente, Là scuole diurne In IL Scuola elementare non sono ancora la norma, in molti asili nido tutto il giorno (fino alle 17:00). rappresentano ancora un'eccezione a livello locale e per l'ampliamento statutario del l'asilo nido offre solo un target di ca. Il 35% dei bambini da uno a tre anni è fornito. C'è quindi una mancanza di assistenza all'infanzia pubblica richiesto in generale (cfr. Plantenga et al. 2008) e soprattutto a chen che con orario di lavoro a tempo pieno e flessibile da due esigenti attività professionali compatibile Sono. Inoltre è applicabile normativo Sempre Ancora IL assistenza all'infanzia come una responsabilità delle madri, come ad esempio il chiaro squilibrio dei mesi partner pianificati, che detti mesi dei padri, poiché si ritiene sufficiente che il il secondo genitore usufruisce del congedo parentale solo per due mesi (cfr. Henninger/Wimbauer/Dombrowski 2008 così come Anche Esping-Andersen 2009; Morgan/Zippel 2003).

Con questi condizioni generali diventare IL Le coppie - soprattutto IL Donne – interruzioni di carriera O riduzioni dell'orario di lavoro al Compatibilità da Professione E Famiglia suggerito. UN come Compatibile-Tuttavia, il modello della conoscenza contraddice la logica del percorso professionale nella scienza società e il settore privato che si aspettano biografie occupazionali continue dieci E frequentemente Anche norme di età per IL sequenza da passi di carriera così come IL Accesso A posizioni includere. [4] Ma IL Scelta fra Le interruzioni di carriera o la riduzione dell'orario di lavoro sembrano essere una scelta tra equivalente al colera e alla peste. Una pausa di carriera rafforza ad esempio B. l'assunzione di deficit di motivazione e rafforzata quando colpisce le donne, gli stereotipi di genere; aumenta il rischio di esclusione ses fuori da professionale reti O IL rimprovero "obsoleto conoscenza"

---

4   a Parte atti Esso si incluso in giro per legge fisso norme, Come per esempio B. IL limite di età A IL mandato.
(vedi sopra: livello individuale). Una significativa

riduzione dell'orario di lavoro (ad esempio al 50%) potrebbe non essere una buona alternativa per una serie di motivi. visibile IL opportunità di carriera rappresentare. Da un lato contraddice part time l'ideale a tempo pieno delle carriere scientifiche e può essere utilizzato anche come a deficit di motivazione sono interpretati. Anche il contratto spesso incontrato chen posizioni a tempo parziale Mentre IL promozione per quanto riguarda soltanto IL Paga, ma non l'orario di lavoro previsto. cattedre a tempo parziale anche i motivi familiari sono scarsi. Esistente part-time le cattedre sono per lo più dovute a lavori part-time (remunerativi). dieci, in modo da non mettere in discussione la "disponibilità al lavoro" dei proprietari diventa. Per il altri diventa part time In IL fase di qualificazione multato, Poi per l'accredito delle annualità secondo la regola dei dodici anni schen university è l'orario di lavoro contrattuale (ovvero quante ore in lavorazione) irrilevante. Allo stesso tempo, però, la disposizione diventa la stessa Risultati delle qualifiche nello stesso periodo, nonostante possibilmente diversi ore lavorative – previsto.

Impostare i fattori di influenza del livello individuale e di coppia-esterno le condizioni quadro in cui donne e uomini frequentano il mondo accademico accoppiano quelli – comuni o individuali – familiari e professionali Prendere decisioni. La cosiddetta disparità di trattamento delle donne E uomini SU mercati del lavoro, IL frequentemente contraddittorio temporale esigenze spaziali delle carriere scientifiche così come quelle istituzionali nell E organizzativo Condizioni da Lavoro O. Scienza e la famiglia pone restrizioni alla portata della creatività coppie, ma in nessun modo significano necessariamente accademici le donne con istruzione mista in queste coppie rinunciano alla loro carriera professionale dieci dovere. Come IL rispettivamente esistente libertà di progettazione usato diventa, vale a dire anche il modo in cui le coppie affrontano queste richieste e conflitti a seconda dei ruoli di genere dei due partner,

IL rispettiva interpretazione delle condizioni esterne da parte dei due partner così come l'interdipendenza e il coordinamento associati e praticati disposizioni della coppia.

A questo proposito, con il *livello di coppia interna, ci sono* anche intra-partnership Processi negoziali e strategie di coordinamento relative al lavoro – Carriera – Famiglia In La fattura A posto. In loro diventare IL SU IL Entrambi condizioni create ad altri livelli e quindi elaborate la potenza di tali fattori nel consentire o caricamento O. prevenzione da doppia carriera co-determinato. Fuori da IL presente- IL Ricerca permesso si a questo proposito essenzialmente tre intreccio mento delle carriere professionali nelle società di persone che il interpretazioni coppia-interne e relazioni di potere della carriera esterna Le opportunità riflettono: a) gerarchiche, b) individualistiche ec) egualitariemodalità di intreccio.

"Collegato Vite" in Scienza

Con *le interdipendenze gerarchiche,* un partner diventa - per lo più l'uomo - attribuito il ruolo professionale primario, e l'altro socio - principalmente la donna - sostiene la sua carriera essendo responsabile del questioni private. Se entrambi i partner sono impiegati, c'è una definizione zione di un'occupazione "principale" e di una "successiva", il lavoro requisiti in termini di orario di lavoro e mobilità/stabilità spaziale Requisiti IL primo Carriera subordinare diventare. IL è chiamato, vengono prese decisioni professionali di attività professionali subordinate al angolo di visione IL Carriera Di altri partner così come Di vivere insieme lo stesso posto met (cfr. ad esempio Becker/Moen 1999).

Con *modi individualistici di intreccio,* entrambi i partner perseguono perché indipendentemente le loro carriere professionali. Il partenariato, cioè il tempo insieme e possibilmente vivendo in un posto, ecco che arriva a anche un ruolo secondario. Le relazioni a lunga distanza o pendolari rappresentano una possibile qui (sebbene non necessariamente auspicata) strategia di coordinamento verso guarda le opportunità di carriera per entrambi i partner. Con la nascita di Gli accordi di coordinamento individualistico non solo appaiono vacillare a causa di questa distanza locale. Coppia-esterno come -interno viene con la genitorialità, le aspettative di ruolo specifiche per genere tornano al Superficie. Spetta quindi ai due partner decidere se soddisfare le aspettative o se sono alla ricerca di assistenza all'infanzia esterna o condivisa alla ricerca di opportunità. La ricerca qui mostra quel pensiero temporaneo Le concessioni (soprattutto da parte delle donne) in questa circostanza sono gigantesche e trasmettono la scommessa di risultati vocazionali negativi a lungo termine. viene in questo modo sollecitando un "rinnovamento" delle consuete pratiche di attribuzione del lavoro di orientamento anche nella cerchia degli esperti, poi, a quel punto, nel tirato fuori si trasforma in un progressivo esempio di divisione intrafamiliare del lavoro tra lavoro e famiglia andato (cfr. Demand/Ernst 2002; Schulz/Blossfeld 2006). le donne che hanno bisogno di mantenere un modello individualistico di fiducia plausibilmente nei confronti dei bambini o ritardare il desiderio di avere figli fino a quando i suoi obiettivi professionali soddisfano o non sono più in pericolo, vedi (accendi gentilmente il segmento 1.2 e le sezioni 3 e 4 in questo libro A).

Ovviamente più raro in quanto i metodi individualistici di adesione lo danno indipendentemente dai piani di coordinamento tariffario nelle organizzazioni. Considerate le circostanze, covano il pericolo che i due complici per la convivenza rispettivamente (nel sentimento di comune assetto generale) facciano a fette e spacchi la differenza rispetto alle proprie vocazioni (cfr. Bathmann/Müller/Cornelissen 2011; Becker/Moen 1999; Behnke/Meuser 2005). Per il lungo riconoscimento di una comparabilità della vocazione, l'organizzazione e la vita concepibile come genitore dovrebbero quindi essere limitate se essenziali. delle vocazioni dei due complici sono riconosciute o potrebbero a un certo punto esaurirsi le corrispondenze probabilmente per la famiglia.

Domande e struttura del libro

L'interesse per l'istruzione superiore e la politica scientifica nelle doppie carriere è è aumentato in modo significativo e si sta facendo molto per raggiungere questo obiettivo. Così era Per esempio uno crescente numero tedesco università *doppia carriera Uffici* allestiti (cfr. ad es. Gramespacher/Funk/Rothhäusler 2010). Inoltre, menti risultati della ricerca A coppie a doppia carriera fuori da IL numerose (anche tedesco) studi che sono stati creati negli ultimi dieci anni. Quindi, per l'uno o l'altro a questo punto, forse il Poni la domanda: perché questo libro? Non sappiamo già tutto? Il semplice La risposta è: abbiamo bisogno di questo libro perché non sappiamo tutto da lontano. Ci sono numerose lacune nella ricerca, che non copriremo in questo libro può chiudere. Ci concentreremo quindi su alcuni, seppur molto (deve) limitare le domande aperte. 5

Sconosciuti sono in considerazione del suddetto rapporto di tensione- serie di sfide e diversi fattori di influenza in relazione SU scientifico carriere In Partnership (accademiche). (UN) IL *Dinamiche degli accordi di interdipendenza* in materia di occupazione (single vs. dual percettore) negli scienziati uomini e donne e (b) quale ruolo nella carriera cambia o la nascita di i bambini giocano. Le seguenti domande aperte sono collegate a questo: sono doppie modalità di guadagno più facili nelle prime fasi della biografia professionale realizzare che in quelli successivi, poiché da un lato le sfide spazio-temporali requisiti nel carriera prendere peso E d'altra parte IL Famiglie-la fondazione avviene spesso solo dopo l'insediamento professionale? quanto importante ting è quale modello di intreccio i due partner prima del primo Hanno praticato per come la sistemazione dopo la nascita del bambino bambino sembra? E Finalmente: Permesso si differisce In intreccio modelli di sviluppo e le loro dinamiche tra la nascita più giovane e quella più anziana annate e, in tal caso, portano a una maggiore uguaglianza fra maschio E femmina scienziati? Questo centrale domande A questo è dedicato il capitolo 2 di questo libro.

Per la connessione tra figlio e carriera tutto sembra uguale da dire o ricercare. Ma i seguenti sono ancora senza risposta Domande: Che influenza *hanno le strategie di cura perseguite nella coppia? gi E praticato disposizioni di cura per suo Bambini* SU IL conoscenza-carriere accademiche delle donne? Quali processi di negoziazione tra IL Entrambi partner posizione IL rispettivamente praticato modelli di cura morire davvero? E sono le opportunità di carriera – come molti ipotizzano – molto meglio se la nascita del primo figlio viene posticipata è, o sono, le modalità di cura interna della coppia più correlate con (esterno) servizi di cura Attraverso Terzo decisivo? Questo

---

5   per ulteriore aspetti per favore, riferisci Hess/Rusconi (2010); Hess/Rusconi/Solga (2011a, B).

"Collegato Vive" nella scienza

Le risposte alle domande sono contenute nel capitolo 3. Particolare attenzione sarà quindi – con un confronto da un lato di scienziate con e senza figli e dall'altro da madri con e senza carriera – il sovrastante Chiedere dato, In Quale caso Bambini non A uno
"rottura di carriera", ma ad una prosecuzione della carriera scientificare delle donne (può) guidare.

In IL Ricerca diventa inoltre sempre Ancora di quella uscì, Quello le donne sono meno orientate alla carriera o al loro successo professionale in essa vedere che il lavoro e la famiglia possono essere facilmente conciliati. Resti non richiesti ma perché le donne possono avere una diversa *definizione di carriera e successo* come uomini. Che ruolo giocano l'individuo e il fatto in coppia

Elaborazione delle condizioni quadro esterne (vedi livello individuale e corrispondenza al di fuori del livello sopra) per la direzione professionale dei ricercatori no? Questa è l'indagine focale che i creatori cercano nella Parte 4. Nel fare ciò, esaminano quali erano le direzioni storiche per Separazioni di ricercatrici nel campo della pressione della scienza e della direzione delle attività familiari. Quali disservizi professionali da Ladies in science si aspettano dalle donne e dai loro complici, e come ti avvicineresti all'organizzazione della tua professione e della tua vita di squadra? Per rispondere a queste domande, questa sezione solo ricercatrici efficaci, ad esempio le persone che, nell'ora del Between vede avere una vocazione (vedi Segmento 1.5), si confrontano tra loro similitudini, ma anche il cambiamento interiore della professione "effettiva" indicazioni alla luce di due o tre gruppi di stelle e qualità degli incontri con la possibilità di mostrare le condizioni della struttura esterna.

Alla fine, l'indagine emerge: quanto sono significativi gli esempi di associazione di stadi precedenti a lungo termine indicati dal buon senso - che sono trattati nella Sezione 2 - per la successiva vocazione e le possibilità di doppia professione dei lavoratori dell'informazione? Il progresso nella scienza richiede davvero un'attenta e normale storia esperta à la tipica memoria maschile? Le subrifrazioni saranno per la maggior parte multate? Diventa versatilità o piani di gioco privati multilocali compensati? Affrontando queste domande, la parte 5 entra nella giustificazione della questione centrale: la "mascolinizzazione" della vita femminile è attualmente la via principale per il progresso delle donne o esiste un passato della leggenda della vocazione (cfr. Moen 2010; Moen /Roehling 2005) individuale Due o tre tecniche che offrono inoltre porte aperte per le vocazioni femminili nel pozzo scientifico e le doppie professioni in coppia aperta?

Rispondere a queste domande dovrebbe infine contribuire anche a capire quali Circostanze utili o "Condizioni di realizzazione" delle normali professioni scientifiche delle donne - e le relative duplici vocazioni - siano e in che misura fattori che spesso consideriamo particolarmente importanti Forse non sono così importanti.

1.4 *Vite collegate da chi? - Base di dati dilibro*

Il libro si basa su un database unico costituito da dati quantitativi cinque e interviste qualitative raccolte nell'ambito del progetto IL. Per aver risposto alle nostre domande di ricerca e aver chiuso il lacune di ricerca di cui sopra, è necessario, da un lato, a avere scienziati che vivono in un contesto di coppia, e d'altra parte, per avere informazioni su entrambi i partner, che IL partner rispettivamente se stesso dato diventare. Dritto informazione per il Percorso di vita dei partner prima della partnership e valutazioni soggettive lingue per quanto riguarda divisione del lavoro O ambizioni di carriera Potere non fuori da

essere dato "di terza mano". Tale set di dati esisteva in precedenza nel file Repubblica Federale no.

Ora ci sono una serie di studi qualitativi sul doppio carriere di pellicce O. al Intreccio di carriere professionali in partnership (cfr. ad esempio Behnke/Meuser 2005; Dettmer/Hoff 2005; Hirseland/Herma/ Schneider 2005; Wimbauer 2010). Tuttavia, il loro significato è a causa del numero per lo più molto ridotto di casi e della natura molto specifica di ciascun caso campioni limitati. I dati rappresentativi della popolazione esistenti anche le condanne non sono sufficienti per esaminare la doppia carriera compagno. Sebbene il microcensimento offra un numero molto elevato di casi (anche presso Aka- coppie demiche), Esso dà Tuttavia appena informazione al identificazione da *Doppia carriera* o luogo di lavoro di entrambi i partner. attraverso la sua traversa tagliare il design, anche le costellazioni di acquisizione nelle partnership sono solo come fenomeno puntuale rilevabile. Programma di negoziazione intrapartnership i processi e le situazioni decisionali non possono essere ricostruiti. Per IL Indagine da collaborazioni accademiche È IL conteggio dei casi In IL studi longitudinali rappresentativi esistenti, vale a dire nel socio-economico schen Panel (SOEP) dell'Istituto tedesco per la ricerca economica o in i German Life Course Studies del Max Planck Institute for Education ricerca, troppo poco. Inoltre, di solito lo farebbero se il numero di casi fosse più alto non aiuta, perché ad esempio B. Sistemazione abitativa dei due partner in non sono raccolti in relazione alle due biografie professionali o divenne. Tuttavia, quest'ultimo in particolare può essere considerato un componente centrale dell'interno associazione accordi di intreccio non ignorato essere consentito (vedere il capitolo 5 in questo libro). Inoltre, la media condurre interviste qualitative indipendenti con scienziati i loro partner - riconducibili a un numero maggiore di casi - non è possibile stato.

"Collegato Vive" nella scienza
disegno del campione E contenuto IL quantitativo sondaggio

Ma raccogliere i propri dati è più facile a dirsi che a farsi. Perché non esiste un registro per gli scienziati - e certamente no non uno, In al IL stato di associazione registrato erano –, SU di chi Sulla base di ciò, sarebbe stato possibile un campionamento. Nel progetto abbiamo quindi scelto la seguente strada: l'istituto di rilevamento Infas Bonn ha nel semestre estivo 2008 uno ricerca IL elenchi dei dipendenti SU i siti web di 18 università selezionate (nelle grandi città e città di medie dimensioni con grandi università). per uno un gran numero di dipartimenti di scienze sociali, tecniche e naturali (senza medicina) un elenco di persone e un (per quanto possibile primo) inquadramento per gradi di carriera. Su questa base seguito uno sorteggio casuale entro IL Dopo Genere, livello di carriera, disciplina e regionale contesto cellule definite (Vedi la tabella 1.1). Nel semestre invernale 2008/09, a standardizzato telefono Intervista sul corso di vita (CATI) da info effettuato a Bonn. Sono stati interrogati solo i dipendenti scientifici di atenei che sono in partnership stabile da almeno due anni lancia vissuto E di chi Partner (per il momento del colloquio) Anche UN aveva titoli universitari.

Nelle interviste telefoniche, informazioni dettagliate su tutti gli studenti erano scolarizzazione e titoli di studio e per il periodo a partire dal titolo di studio principale raccolti fino all'ora dell'incontro e mese per mese Dati esatti sui movimenti di ogni tipo della storia di vita dell'esperto (comprese le interferenze per educazione dei giovani, disoccupazione o altri esercizi dieci) e tutte le associazioni e i bambini (ricordando i dati per l'assistenza ai giovani fino alla 6a età). Inoltre, per ogni episodio, questo esperto racconta la trascendente retribuzione privata e redditizia e ottiene alcune informazioni sul piano di gioco della condivisione del lavoro della coppia; ulteriori sottigliezze condizioni del sistema focale e gruppi scelti di stelle.

Numerosi questi dati non possono o non sono solidi (senza

processi di "legittimazione") revisione, cioè nel conoscere il passato, sollevato divenire. Quindi, i ricercatori sono stati esaminati a quattro livelli professionali, in modo che siano "vicini" come concepibili alle circostanze di scelta separate:

1. rappresentanti non laureati (studenti di dottorato);

2. dottorato, il cui avanzamento più estremo di tre anni è rimasto indietro

3. dottorato, il cui avanzamento più di tre anni è rimasto indietro e insegnanti junior;

4. Professori (C3/C4 e W2/W3).

Poiché i dati sull'associazione e sul livello professionale non sono generalmente attuali o ovviamente sui siti aperti lo sono, è diventato in breve tempo Lo screening iniziale garantisce che l'individuo soddisfi le misure esaminative (logico rappresentante di questi colleghi, per non meno di due anni in un'organizzazione con qualcuno che è anche istruito scolasticamente complice viva e caratterizzazione in uno dei quattro livelli vocazionali). inoltre, è stata in grado di fornire un recapito telefonico al suo partner teln (poiché anche il colloquio con il partner è stato importante per lo studio, cfr Sopra). In tal caso, è stata condotta un'intervista (completa). Dopo che il colloquio è stato completato, il partner per il permanente intervista partner standardizzata e le persone target per una valutazione qualitativa tivi Intervista selezionata (vedi sotto).

Tabella 1.1: Interviste realizzate con scienziati e loro Partner per livello di carriera, genere e disciplina (numero assoluto)

M = Uomini, F = Donne
Fonte: documentazione "Insieme Carriera Fare"; Proprio calcoli

Per ognuno dei quattro livelli di carriera c'erano uomini e donne e tre Gruppi disciplinari ciascuno 30 o per professori 35 standard ted interviste teso a (in totale 750 interviste). Inoltre Dovrebbe Vengono condotte 500 interviste standardizzate con i loro partner. realizzato divenne in definitiva 767 interviste con scienziati E 552 con i loro partner. Tuttavia, non tutti i gruppi potrebbero è possibile raggiungere il numero target di casi (cfr. tabella 1.1). Questo vale in particolare in particolare il gruppo delle donne professoresse di scienze tecniche (at quelli IL universo Già estremo piccolo È) così come IL gruppo IL

"Collegato Vite" in Scienza

Scienziati il cui dottorato non è stato più di tre anni fa. scorso tere potrebbe in gran parte con le interviste del dottorato, il loro dottorato Di più rispetto a tre anni fa, da compensare.

Il luogo di lavoro e l'occupazione o la non occupazione del Partner IL interrogato scienziati dovuto non In IL essere al college o nel mondo accademico. Ciò significa che molto diverso che le costellazioni vengono confrontate: entrambi partner nella scienza (coppie scientificamente omogenee); un partner dentro e uno fuori dalla scienza senschaft employee (coppie professionali eterogenee); un partner nella scienza società e l'altro partner non occupato (coppie monoreddito nel Scienza). Non vengono presi in considerazione nelle nostre analisi, se lo fanno si SU IL Prendi l'ora del colloquio – quindi "solo" doppio percettore e coppie single-reddito al di fuori del mondo accademico, nonché coppie in cui Entrambi compagno non impiegato Sono. Alles Questo costellazioni Potere tuttavia per il periodo *precedente* al colloquio anche nel caso dell' dieci appaiono in coppia e con esso preso in considerazione diventare.

Lo stesso vale per il criterio di selezione "Vivere in società". Al momento dell'intervista, gli scienziati che abbiamo intervistato avevano una collaborazione da almeno due anni. Tuttavia, ciò non conclude fuori da, Quello Lei In IL volte Prima a intermittenza nessuno compagno avevo. Nel Dati-Gli unici dati non inclusi sono quelli che al momento del colloquio neanche temporaneamente non ha avuto partner o (fino al momento del colloquio) non ha mai vissuto in una società. È difficile dire quanto sia grande questa proporzione stima, perché non esiste un database affidabile per calcolarlo (vedi sopra). Tuttavia, vista la proliferazione di partnership Si può presumere anche per i laureati che con questo riferimento campione UN più sostanziale Porzione IL A colleghi lavorando Conoscenza- schaftler E IL maggioranza IL Là Fare scienziati registrato diventare (cfr paragrafo 1.2).

IL standardizzato Interviste sul corso di vita divenne per IL Capitolo Di libro In più diversificato Modo descrittivo E multivariato valutato. Incluso permesso si due importante strategie di valutazione differenziare:
a) *storico* valutazioni per il individuale carriera IL Scienziati o sugli accordi di intreccio nella coppia (es realizzato come grafica di distribuzione del rispettivo individuo o in coppia Stato di carriera per un certo periodo di tempo e valutazioni utilizzando analisi di sequenza e di regressione) e (b) valutazioni *relative agli*

eventi (es. fino al conseguimento del dottorato o di uno dei successivi step di carriera nel Fase postdoc – cfr. Sezione 1.5 - anche, quando l'introduzione dei giovani).

Nelle valutazioni esplicative - nella remota possibilità che non lo siano i pesci espliciti per soggetto - è stato considerato da una ponderazione comparativa che sono presenti diversi numeri di casi per i tre gruppi disciplinari. Bezo gen z. B. sull'esempio generale sono tra le signore delle scienze inerenti materie logiche con 139 incontri un numero di incontri maggiore rispetto alle sociologie (128) e scienze specializzate (96) chern. Tra gli uomini, c'è una leggera parte del leone delle sociologie schaftler (140) in contrasto con i ricercatori specializzati e regolari (134 e 130). Analoghi contrasti esistono inoltre quando si valutano gli incontri vocazionali individuali o solo quei casi in cui sono accessibili gli incontri dei partner. Date le diverse motivazioni professionali in questi tre incontri tematici (cfr. Hess/Rusconi/Solga 2011a), un utilizzo non ponderato delle informazioni in esami inequivocabili porterebbe alle motivazioni delle discipline che sono affrontate con un numero di casi più elevato attraverso e in questo modo in cui la generalizzabilità sarebbe ristretta. Negli esami avvincenti si esaminano i casi singolari dei tre gruppi di discipline quindi con un peso alternativo, che garantisce che nessun gruppo sia in sovrappeso o che ciascuno dei tre gruppi contribuisca in modo simile al risultato. Negli esami multivariati, questo numero incoerente di casi valutando confrontando i coefficienti propriamente considerati.

Progetto E contenuto IL qualitativo sondaggio

La seconda parte del progetto è stata un'indagine qualitativa con a Selezione effettuata da scienziati e dai loro partner. Contro- Lo stato di queste interviste qualitative era il comportamento soggettivo di pianificazione, le strategie di azione del partner interno e le dimensioni di valutazione, i processi negoziali nella coppia così come le anticipazioni, le interpretazioni e Elaborazione dei fattori ambientali istituzionali delle carriere scientifiche tra convivenza e famiglia. Alla fine della *norma* Per questo motivo, tutti i partner dell'intervista sono diventati *interviste distribuite sul corso della vita* in giro suo approvazione A uno ulteriore sondaggio chiesto. IL concesso Il 96% degli scienziati e il 97% dei molto alto. In definitiva, la reale disponibilità a partecipare a colloquio qualitativo leggermente inferiore. Delle 47 conoscenze lavoratori Potevo 33 per UN colloquio vinto diventare. A proposito Inoltre, come previsto, sono state condotte dodici interviste con partner di questa scienza eseguito.

Tutti gli scienziati che erano disposti a partecipare al panel lo erano introdotto procedure di campionamento nella selezione per le interviste qualitative incluso. I gruppi ivi definiti contrastano per quanto riguarda il teorico Criteri stabiliti reticamente, con una variazione di queste categorie nel campione è rappresentata la massima eterogeneità delle combinazioni di caratteristiche ("modello Di deliberato campionamento Di eterogeneità" Dopo Campbell/Cook 1979). Dopo al da Glaser/Strauss (1967) formulato principio di saturazione

"Collegato Vite" in Scienza

per qualitativo interviste basta dieci a dodici tematico Inter pareri con esperti nell'area tematica da esplorare, come ulteriore inter- le visualizzazioni non forniscono alcuna informazione aggiuntiva relativa all'argomento. Questo La costruzione del gruppo di confronto consente successivi studi di casi contrastanti Stesso alcuni sottogruppi (cfr. Kluge/Kelle 2001).

Sede centrale criteri di selezione erano IL Costellazione di carriera di coppia per il Orario del colloquio e appartenenza disciplinare. alla coppia costellazione di carriera (per il tempo di colloquio IL standardizzato matrimonio esercizio) abbiamo distinto i seguenti gruppi: (a) scienziate, A quelli Entrambi compagno uno Carriera Avere (cioè coppie a doppia carriera, n=15), (b) scienziate, dove solo l'uomo (n=9) o (c) solo la donna aveva una carriera (n=9). Delle 33 donne intervistate it erano undici donne professoresse, 24 delle donne avevano figli e nove ne avevano (ancora) nessuno. Inoltre, la costellazione disciplinare e professionale zione delle coppie al momento del colloquio standardizzato. 14 donne con un partner scientificamente omogeneo e 19 Donne intervistate con un partner professionalmente omogeneo. maggior conoscenza al momento dell'intervista erano nel gruppo dei professionisti promosso, il cui dottorato era più di tre anni fa. Oltre e oltre Sono diventati anche dottorandi "freschi" (livello di carriera 2) e professoresse interrogato.

I partner intervistati di dodici di questi scienziati lo erano selezionati in base ai seguenti criteri: Età compresa tra i 30 e i 49 anni (ovvero nati tra il 1960 e il 1979), dalla doppia carriera e dalla carriera singola coppie così come coppie con una divisione del lavoro tipica ed egualitaria in casa Appena. Inoltre, sono coinvolti tutti e tre i gruppi disciplinari ei partner attività professionali dentro e fuori di Scienze rappresentare L'indagine delle interviste qualitative ha seguito la strategia creata nella tecnica SFB 186 ckelten per le interviste incentrate sul problema (cfr. Witzel 2000). Sulla base di un assistente con un inventario di punti che garantisca che tutti gli argomenti affascinanti siano curati e, se vitali, seguiti, questo tipo di intervista consente di concentrarsi su quelli pre-caratterizzati Filiali di conoscenza e fattori di impatto. Collegando i suggerimenti della storia aperta con le modalità di test dialogico, la connessione su specifiche vocazioni e fasi organizzative, offre a questa struttura dell'intervista spazio sufficiente per l'autopromozione degli intervistati. Per quanto riguarda il lavoro di memoria e la ricreazione della sequenza genuina della professione e della relazione, gradualmente si facilita nell'incontro, è stata soppressa l'informazione dello studio quantitativo per ogni profilo di storia individuale dell'intervistato fatto. Gli incontri si sono concentrati su quelli lì registrati raggruppamenti, l'apparentemente incuriosito (istituzionale).

"momenti determinanti" e altri "momenti determinanti" emotivamente critici. Questa procedura il riepilogo basato sull'archivio consente un'associazione generalmente eccellente da informazioni quantitative sulla storia della vita e disegni soggettivi di importanza. Sede centrale caratteristiche IL interrogato scienziati

Al momento dell'intervista, gli scienziati interrogati standardizzati erano punto mai Dopo livello di carriera (nel mediano) fra magro 29 E 54 anni vecchio (Tabel 1.2). A IL professori ha dato Esso chiaro età schiede: In media, le professoresse erano sei anni più giovani dei professori maschi (questo indica una sottorappresentazione ancora maggiore delle donne in precedenza generazioni). Alla prima laurea c'erano i maschi Scienziati a tutti i livelli di carriera in media 26 anni, correre un anno più giovane. Nella mediana, lo scientifico studenti e professori poco più che trentenni, cioè circa cinque anni dopo (primo) laurea, dottorato. Anche qui non c'era quasi nessun genere differenze. La situazione è diversa con l'abilitazione. Era del Professori - mediana - 14 anni dopo la laurea ben, dalle professoresse dopo 15,5 anni.

IL *mediano* dà informazioni riguardo a età, fino a Inoltre A 50% di campioni IL rispettivo "Evento" si è verificato. In contrasto con la media aritmetica (media) è la mediana non soggetta a casi estremi. Inoltre, ammette eventi che (ancora) non A tutti persone Di campioni accaduto Avere (per esempio B. nascita Di Primo bambino O abilitazione), IL intero campione per IL calcoli A tenere in considerazione.

M = Uomini, F = Donne

Fonte: documentazione "Insieme Carriera Fare"; Proprio calcoli

"Collegato Vite" in Scienza

Come mostra la durata delle collaborazioni al momento dell'intervista, si tratta di agire sono relazioni di coppia a lungo termine. L'attaccamento a un partner era già diffuso all'inizio della propria carriera professionale. Quasi tre quattro parte di tutti gli scienziati erano già vivi quando hanno ricevuto il loro primo titolo universitarioin una società; in tre quarti di essi dura (ha fatto) fino all'inter- visualizzare il tempo. Le scienziate intervistate vivevano un po' più spesso in una relazione rispetto ai loro colleghi maschi (78% contro 71%). un po' più spesso con lo stesso partner durante il loro - dal primo Titolo di studio conseguito fino al momento del colloquio – professionale carriera (79% delle donne vs. 74% degli uomini). Questa alta percentuale di (a lungo) partnership È parzialmente IL costruzione del campione dovuto. Persone che non hanno mai vissuto in una società o da più tempo I tempi senza un partner erano, non ne avevano o erano statisticamente inferiori Possibilità di essere inclusi come persona target nel sondaggio (cfr Sopra). Tuttavia, questo non è un difetto per le analisi, poiché è proprio con il intreccio da biografie professionali *In IL associazione* UN deficit di ricerca esiste (vedi par 1.3) e Questo IL soggetto del libro È.

IL scienziati erano circa 23 Mesi (mediano) minore COME i loro partner, scienziati, al contrario, undici mesi più vecchi dei loro partner- A. Con metà degli scienziati, il partner stava ancora studiando quando lui avevano già completato gli studi (contro il 31% delle scienziate, l'a tempo del titolo universitario del partner).

Per quanto riguarda i bambini, tra i professori ce n'erano solo di chiari Differenze: l'85% dei professori erano padri (in media di due figli dern), ma "solo" il 61% delle professoresse ha avuto (in media) un figlio. Tre quarti degli scienziati con un dottorato ne avevano (almeno) uno Bambino; tra i dottorandi, invece, i tre quarti non ne avevano (ancora). bambini (biologici). Per il momento della nascita del primo figlio c'è altrettanto chiaro differenze così come fra IL COME Anche entro delle fasi di carriera: il 50% delle donne con dottorato ha avuto il primo figlio entro sette anni dopo il suo primo diploma universitario e quindi due anni prima delle loro controparti maschili. Al contrario, il professorinnen la nascita del primo figlio in media dodici anni dopo titolo accademico e quindi quattro anni dopo al tuo colleghi invece.

Queste differenze tra le fasi della carriera sono un ulteriore sottolinea che le donne con bambini hanno difficoltà nella scienza. La riduzione della percentuale di bambini, così come l'aumento dell'età, quando questi bambini sono nati dalle professoresse rispetto alle I laureati sono indicatori che i post-doc sono scienziate hanno minori possibilità di ottenere una cattedra con bambini (precoci). uomini. Questa interpretazione sembra appropriata vista la differenza di età differivano solo tra le dottorande e le sole professoresse media dieci Anni ammonta a (per favore, riferisci Tavolo 1.2). Con ciò erano Esso molto domanda lich, Questo differenze COME "Differenze generazionali" A interpretare. I risultati per le professoresse (più anziane) non sono quindi rivolti solo a loro limitare. Piuttosto, possono anche essere usati per derivare un più frequente "Aus- rosa" dalla scienza delle donne con bambini nel (più giovane) pro- mosso anticipare (cfr anche cap 3 in questo Un libro).

significatività i dati

IL Dati, utilizzati per le analisi di questo libro non rappresentativo di tutti gli accademici delle università tedesche. Per dirla positivamente, alzati i risultati per seguire Gruppi di persone:

− Individui con un diploma universitario che hanno almeno un certo Tempo (almeno al momento del colloquio) presso uno dei 18 selezionati Università (n Grande e città di medie dimensioni) erano occupati;
− Scienziati che hanno avuto una collaborazione di almeno due anni con uno anche accademico aveva partner istruiti;
− scienziati fuori da discipline IL Tecnologia-, Natura- E Scienze Sociali (per motivi di anonimato ci si astiene da rilasciate interviste qualitative sulla denominazione dei selezionati specializzazioni in Questo tre gruppi disciplinari).

Questo gruppo di studio ha il compito di rispondere alle domande formulate sopra Domande del libro sulle *carriere scientifiche in (eterosessuali) partnership* molto adatte. [6] La considerazione delle tre discipline nen - tecnologia (fortemente dominata dagli uomini), naturale (dominata dagli uomini) e Scienze sociali (misto a dominato dagli uomini) - protegge anche da accorciamenti disciplinari dovuti a differenti logiche di carriera O proporzionale al genere realtà.

Alcuni seguono anche questa costruzione della popolazione in studio restrizioni. In primo luogo, abbiamo a che fare con qualcosa di più positivo scelta delle persone per quanto riguarda la permanenza nel mondo accademico. Tutto Le persone che - per qualsiasi motivo - generalmente si oppongono al la scienza ha deciso di non essere inclusi nel campione (sebbene Sono inclusi i "rimpatriati" che a volte - prima della panoramica - non erano nella scienza). L'uscita dalla scienza non può quindi essere verificata in modo semplice, ma esclusivamente confrontando le qualità maschili delle riunioni di studenti di dottorato, postdoc e insegnanti (vedi il modello sopra per i giovani). Va ricordato che i ricercatori che non hanno mai (ancora) avuto un'associazione o il cui complice non ha una laurea, non è essenziale per i popoli (si allude gentilmente sopra). Oltre ad avere nel nostro esempio

6   interviste con ricercatori nelle stesse due o tre connessioni rimangono alla luce del caso basso incluso negli esami che questo libro ha respinto.

"Collegato Vite" in Scienza

più bambini scienziati che in altri studi, visto che abbiamo solo quelli che vivono in una società e sono quindi più propensi a farlo probabilmente anche avere figli come single. Finalmente possiamo terzo non fare dichiarazioni sugli studi umanistici e culturali così come su piccole università in cui non sono rappresentate tutte e tre le discipline, e ai centri minori. Non tenerne conto è pragmatico in termini di ricerca motivi cal, vale a dire la limitazione dei costi in relazione al numero di casi, deve.

1.5   Doppia carriera: cos'è?

Sia negli studi precedenti che in quelli più recenti, *le coppie con doppia carriera sono* raramente rese esplicite e uniformemente definito e operazionalizzato (cfr. Hiller/Dyehouse 1987; Saraceno 2007). Con esso È IL comparabilità più diverso per Risultati della ricerca su diverse popolazioni di studio e il Possibile solo in misura limitata nel tempo. Questo fatto è Tuttavia meno uno "Disattenzione" IL ricercatori dovuto Piuttosto in gran parte il vero problema di definire ciò che realmente è è una carriera (cfr. Moen 2003; 2010), e insieme a ciò anche cosa uno doppia carriera È. A questo proposito, non diventeremo universalmente validi definizione Dare Potere, tuttavia piacerebbe Noi Nostro definizione divulgaree giustificare.

Prima di tutto, diamo un'occhiata ai deficit delle definizioni esistenti O operazionalizzazioni da doppia carriera sensato. Primo diventare (ancora) spesso coppie a doppia *carriera con* coppie a doppio *reddito* equiparati (cfr. ad es. Aldous 1982; Bernasco/De Graaf/Ultee 1998; Bloss- feld/Drobnič 2001). Ciò significa che qualsiasi partecipazione a un'attività lucrativa (retribuita) – indipendentemente dal livello, livello di carriera o altre caratteristiche del attività svolta – una "carricra".

In secondo luogo, anche negli studi che fanno una tale distinzione, ci sono nessun criterio uniforme per definire una *carriera* . Usato caratteristiche strutturali molto diverse degli occupati capacità, come la posizione professionale (cfr. ad es. Gross 1980; Lucchini/Saraceno/Schizzerotto 2007), il livello di istruzione richiesto per esercitare a attività (cfr. ad es. Rusconi/Solga 2007) o l'esercizio di una professione (cfr. ad esempio Bryson/Bryson 1980; Dettmer/Hoff 2005; Poloma/Pendelton/Gar- Paese 1981).

In terzo luogo, gli indicatori soggettivi spesso diventano reali carriera derivata. È così che alcuni autori definiscono la carriera basata su atteggiamenti o ambizioni di carriera soggettivi - spesso riassunti Sotto al Espressione Di "lavoro impegno" (per uno critica per favore, riferisci Casa Hiller/Dye 1987; Levy/Bühlmann/Widmer 2007) - e impostare questo con la realtà parificazione delle carriere.

In quarto luogo, alcuni autori lo sottolineano giustamente Le carriere non dovrebbero essere definite staticamente, ma dinamicamente come una sviluppo, che però avviene molto raramente. Pertanto, la carta dovrebbe definizione della considerazione della (precedente) biografia complessiva e della sua Includere la cumulatività e la direzione dello sviluppo (cfr. Bielby/Bielby 1984; Hiller e Dyehouse 1987; Levy/Bühlmann/Widmer 2007).

Questa varietà di criteri di definizione e la loro operazionalizzazione è anche alla definizione di carriera originale di Rapoport e Rapoport (1969). Definisci le doppie carriere nel primo post loro carriera (in contrasto con l'occupazione) come "lavori che sono di alto livello ly saliente personalmente, Avere UN evolutivo sequenza altro richiedere UN alto grado di impegno" (Rapoport/Rapoport 1969: 3). Nel precedente Tuttavia, nel calcolo vengono prese in considerazione solo le singole dimensioni, e solo raramente viene qui formulata la natura multidimensionale delle carriere implementato.

Inoltre, si discute se la doppia carriera si applichi alle *coppie* o mettere in relazione *le famiglie*. Il titolo del primo studio di Rapoport e Rapoport (1969) sulle doppie carriere non si riferiva alla coppia ma a "The Doppio carriera *famiglie* ". Qui esaminato Lei COSÌ coppie, A quelli Entrambi partner (matrimoniale). uno Carriera *E* almeno UN bambino avevo. Uno più nuovo studio definisce i bambini come una *condizione* di doppia carriera - con la giustificazione mento che solo attraverso "i doveri connessi e la 'famiglia arbeit'" le carriere professionali di entrambi i partner sarebbero difficili da realizzare (Cle- mento/Clemente 2001: 255). Fuori da Questo prospettiva Avere Noi Esso così per dire con uno Doppio doppia carriera A Fare: IL realizzazione due Le carriere professionali e la loro connessione con la nascita e l'educazione dei figli. Questo definizione È Tuttavia fuori da due Trovato problematico. Primo diventa con esso la relazione e il lavoro domestico delle coppie senza figli a priori come "a soggetto accademico" svalutato; In secondo luogo diventa SU Questo Modo normativo impostato, Quello Bambini appartengono a un rapporto di coppia (perfetto), perché coppie senza figli Potevo di definizione NO doppia carriera Avere. Esso dà COSÌ Ma non solo numerosi studi per diversi paesi che dimostrano che il Nascita di figli, possibilità per le donne di svolgere un'attività lucrativa e Carriere – e di conseguenza la probabilità di doppie carriere – ridotto (cfr. ad es. Levy/Bühlmann/Widmer 2007; Levy/Ernst 2002; Luc- Chini/Saraceno/Schizzerotto 2007; Rusconi/Solga 2007; Schulz/Blossfeld 2006). Ci sono altrettante prove che l'interdipendenza di due biografie professionali *senza* figli non è né scontato né semplice O. Sempre riuscito È (Vedere. ad esempio B. Becker/Moen 1999; Bielby/Bielby 1992; Herz 1986; Piccolo 1996; Rusconi/Solga 2007). Il spesso con carriere imparentato requisiti In temporale E più spaziale Là-

"Collegato Vite" in Scienza

La visibilità non è solo una grande sfida per le coppie quando sono bambini (per favore, riferisci Sezioni 1.2 e 1.3 e il ulteriore capitolo di questo libro).

definizione di carriera e doppia carriera in Questo Un

libro

dato Questo ricerca E situazione di discussione differenziare Noi In Questo Un libro esplicito fra occupazione E Carriera. IL nudità Sebbene un'attività lucrativa sia un requisito necessario, non è sufficiente caratteristico per l'esistenza di una carriera. Per questo sub usare il divorzio usiamo i seguenti criteri.

COME Primo dovere Esso si in giro IL esercizio uno *didatticamente adeguata* attività, ovvero l'attività svolta deve corrispondere a quella precedentemente acquisita qualificazioni alla partita. A questo proposito, non è il reddito, ma il contenuto del lavoro decisivo.
In secondo luogo È – Come Già da rapporto E rapporto (1969) eseguito
–   la prospettiva di *(ulteriore) sviluppo professionale* è importante. carriere in diverso professioni, aree di attività E settori economici conseguenze questo è diverso logiche E Requisiti per quanto riguarda modelli di carriera e culture professionali; Tuttavia, ciò che hanno tutti in comune è che loro includere opportunità di avanzamento. Ciò corrisponde anche alla definizione di carriera zione del dizionario di una carriera professionale (veloce, di successo), a avanzamento professionale e il sottostante francese Parola "carrière" (pista, carriera) (cfr. Drosdowski 1989). di conseguenza Di conseguenza, le carriere devono essere definite *longitudinalmente al fine di* Ven e verso l'alto i cambiamenti di *qualificazione , professionale per essere in grado di osservare la posizione* e *l'avanzamento sociale* . l'esistente essere una carriera si basa quindi sul professionista realizzato Sviluppo o prospettiva di esso *secondo* la vita. o meglio definita da questa età istituzionale (vedi sotto). Quindi, ad esempio, B. un posto in della scienza su cui si può ottenere il dottorato, cinque anni dopo Completamento degli studi in linea con la propria carriera, ma non dieci

anni dopo.

Bambini così come "lavoro impegno" E ambizioni di carriera diventare COME criterio di definizione da noi non preso in considerazione. Lei Potere certamente rappresentano importanti fattori di influenza per la realizzazione di carriere - cosatuttavia, dovrebbe essere verificato empiricamente (Levy/Bühlmann/Widmer 2007: 264; vedi anche i capitoli 3 e 4 in questo libro); tuttavia, si definiscono non, Se uno professionalmente, nel sensi una carriera ha successo o no.

Queste considerazioni si traducono nella seguente operazionalizzazione del Concetto di carriera in questo libro, che si basa anche sui dati raccolti potrebbero essere implementate interviste standardizzate. Sono questi criteri Se i criteri sono soddisfatti da entrambi i partner, ci sono di conseguenza *doppie carriere* Prima. La Figura 1.2 mostra i nostri criteri chiave per le carriere scientifiche secondo la scienza al istituzionale età e IL livello di carriera.

Nota: T_0 definisce l'ora della prima connessione allo studio, T_6 sta per "sei Anni dopo la laurea" eccetera.

Per quanto riguarda l' *acquisizione dei titoli di studio,* sei anni dopo il prima laurea, il dottorato e 16 anni dopo l'abilitazione zioni disponibili (vedere la parte inferiore della figura 1.2). Una cattedra minore è stato definito adeguato fino ad un massimo di 17 anni dalla laurea ned. Se guardi quelli che hanno (già) trovato una cattedra aver conseguito (con il dottorato dopo cinque anni in media e il Abilitazione dopo dodici anni, vedi Tabella 1.2), diamo

con questi valori di soglia un po '"più tempo" rispetto al la logica della carriera messa sotto pressione (cfr. anche Zimmer/Krimmer/Stallmann 2007:103). (Ancora) periodi di tempo più lunghi per raggiungere questa carriera- i passaggi rappresentano una "deviazione dalla norma prevalente" e probabilmente anche andare con svantaggi in termini di ulteriore professionalità Sviluppo o carriera.

Per quanto riguarda IL *didatticamente adeguata professionale posizione* (superiore Parte dalla Figura 1.2) sono lavori altamente qualificati o scientifici tutte le posizioni dei dipendenti con gli stipendi adeguati o indennità (almeno PIPISTRELLO IIa, TVL O TVöD 13, A13 O C1) COMEbase IL definizione

preso. Borse di dottorato diventare Fino a al massimo sei Anni Dopo al titolo accademico E abilitazione borse di studio Fino a dieci Anni in seguito COME conforme alla carriera considerato. Dieci Anni

"Collegato Vite" in Scienza

dopo al grado accademico sarebbe una buona idea per una certa libertà o. adempimento dell'obbligo di esecuzione. Per questo motivo, la base "I dirigenti delle imprese con da qualche parte intorno a un lavoratore (compresi i lavoratori sostituti)". Infine, un periodo limite di 18 anni dopo la laurea per trasferirsi in una residenza estremamente duratura o posizione di capo o dato comparativo; cioè tutte le persone che sono ancora nella scienza da quel momento in poi, ma non in tale posizione sono state delegate "non vocazione" in quel momento. Nella presente Informazioni ha cambiato gli insegnanti indirizzati in precedenza qualcosa prima - 15 anni dopo la sua laurea accademica più memorabile (al centro)

-         sulla sua residenza più memorabile o posizione di capo (vedi. inoltre stanza/rosso sangue/

stalliere 2007: 103).

Inoltre, per gli esercizi competenti al di fuori della Professione Scientifica misure o date entro le quali dovrà essere caratterizzato l'acquisizione da ruoli amministrativi.

1.6 *Il nostro record: ostacoli e realizzazione condizioni della doppia carriera in collaborazioni accademiche*

Nella sezione 1.3 sono state formulate alcune domande di ricerca aperte, a cui si risponde nei capitoli seguenti. preoccupazione del nostro contabilità A Questo Lavoro È Esso, basato da importante riscontri fuori da Questo I capitoli riassumono la questione centrale del libro "Cosa sono Ostacoli e quali sono le condizioni per la realizzazione della scienza chen carriere delle donne e le connesse doppie carriere in Collaborazioni accademiche?".

La nostra tesi iniziale era che le doppie carriere nel partner accademico le partnership sono accordi fragili che possono essere modificati in qualsiasi momento da parti esterne alla partnership e fattori interni (vedi Sezione 1.3) possono essere messi in discussione. Perché chi dà il "tono" a queste collaborazioni - lui, lei o entrambi - o come si presenta il ritmo dei percorsi di carriera dei due partner il risultato reciproco delle istituzioni del mercato del lavoro o del sistema scientifico, le cui interpretazioni ed elaborazioni nel partnership e le conseguenti pratiche intra-partnership accordi di intreccio. Questi ultimi rappresentano anche i "sistemi interconnessi" IL di genere biografie di stato IL Entrambi compagno In Formazione scolastica, Mercato del lavoro e famiglia e quindi contribuire a una (ri)produzione o riduzione IL disuguaglianze In IL opportunità di carriera da Donne e uomini dentro e fuori la partnership. Tuttavia, come fanno questi sistemi composti fuori da, E Quale Influenza Avere Lei SU IL realizzazione di doppia carriera?

Il capitolo 2 mostra che gli accordi *con doppia fonte di reddito* sia in mozioni così come nella fase postdoc con il 55% e il 58% rispettivamente modo di tessere IL da noi esaminato collaborazioni accademiche Sono.

Incluso consistere Impressionante differenze fra Donne E uomini

–   ma non tra le discipline, in modo che il diverso condividere il rispettivo professionale Dintorni su di essa non ha alcuna influenza. Una *prima* differenza è che già nella fase dottorale Costellazione del lavoratore unico, in cui è impiegato solo l'uomo, con il uomini significativamente più frequentemente e in misura considerevole. find è (35% vs. 13% tra le donne), mentre le donne il 66% in a vivere in una costellazione a doppio reddito. Questa differenza è evidente nelle coppie con e senza figli allo stesso modo; non è quindi dovuto all'occupazione rifrazione da Donne Attraverso Bambini causato. Quello Questo differenze In le costellazioni occupazionali della coppia di scienziati gli scienziati sono relativamente indipendenti dalla presenza dei bambini ricorda anche che c'è un alto grado di stabilità nelle modalità di intreccio prima edopo la nascita di bambini lì.

In secondo luogo, le scienziate vivono molto più frequentemente con il doppio salario nerarrangements rispetto alle loro controparti maschili. Cioè, scientifico le donne devono seguire i loro obiettivi di carriera professionale molto più spesso degli uomini soddisfare i requisiti di lavoro dei loro partner. Un presupposto importante La ragione di ciò è certamente che tu ei tuoi partner a lungo termine - nel dottorato zione *E* fase post dottorato – UN disposizione a doppio reddito pratica. Questo avere successo uno parente Enorme Porzione. Di più COME IL metà IL coppie, IL nella fase di dottorato in un doppio reddito scientificamente omogeneo disposizione vissuto guidato Questo lontano (57%), e inoltre 13% divenne Coppie a doppio reddito professionalmente eterogenee, in cui predomina l'uomo ha lasciato la scienza dopo aver completato il dottorato. Un modello simile si presenta per le collaborazioni di donne che sono in fase di dottorato eterogeneità occupazionale disposizione praticato Avere.

In terzo luogo, l'unica occupazione retribuita dell'uomo se sono i figli sono altrettanto diffusi tra gli scienziati al 40% come accordi a doppio reddito. Tuttavia, anche le scienziate continuano a vivere la nascita di bambini per lo più (più del 50%) in un doppio reddito disposizione. IL significa che le carriere scientifiche per le donne devono In chiaramente più forte Dimensioni Sotto IL Condizioni, non IL Supporto "uno tacito lavoro di fondo" Di partner A Avere (Vedere. BeckGersheim 1983) e allo stesso tempo le sfide di due impieghi possono essere realizzate attività di conciliazione e assistenza all'infanzia. Uomini Tuttavia inizio non soltanto più spesso COME unico percettore suo Carriera, Piuttosto

"Collegato Vite" in Scienza

Il 42% rimane tale nella fase successiva al dottorato o oltre intera carriera. Solo un terzo di loro è passato a un doppio pelverinnererarrangement. Tuttavia, va sottolineato che gli uomini, se loro perché vivere in collaborazione con una scienziata è ancora più forte in larga misura con le sfide della realizzazione del doppio reddito nerarrangements, come i risultati sul scientifico mostra grondaie

Tuttavia, se la percentuale relativamente alta di coppie a doppio reddito, in particolare soprattutto tra le scienziate, anche per - per lo scientifico carriere importanti delle donne – *doppia carriera* ? Il primo è Va notato che nonostante i significativi investimenti nella doppia carriera Gli studi e il dottorato così come il doppio impiego non sono automatici posto. I risultati del capitolo 5 mostrano che dodici anni dopo il La laurea soltanto 53% IL scienziati E 40% IL Conoscenza-Schaftler ha avuto una doppia carriera in coppia. Tuttavia, mentre il La maggior parte degli scienziati (vale a dire l'86%) ha comunque una carriera è stato in grado di realizzare (anche se il 45% è l'unico nella coppia), potrebbe solo il 73% delle scienziate (con il 20% come unica carriera in Paio). Questo - in considerazione dell'alto livello di istruzione e partecipazione alla forza lavoro di entrambi Partner - ma un'alta percentuale di carriere maschili ha la priorità in coppia (45% nei partenariati di scienziati e 23% nei scienziati) era A inizio IL carriera professionale – cioè H. In IL Primo sei anni dopo la laurea - molto meno pronunciato. Qui Potevo Ancora 55% IL scienziato E 77% del loro colleghe donne realizzare una carriera insieme ai propri partner, e in solitaria a ogni terza coppia è stata data priorità *alla propria carriera.* In totale fallito con il doppio delle scienziate dal sesto Un anno dopo la laurea, la doppia carriera di coppia da *lei* Carriera nel Confronto A il suo maschio Colleghi.

Ma ciò che caratterizza le coppie che hanno una doppia carriera e il necessario carriere agili ma più difficili per le donne sono stati in grado di competere con le coppie fallite? Per quanto riguarda il partecipazione al lavoro È fuori da IL riscontri da Capitolo 5 Interessante, Quello Scienziate donne che hanno avuto un accordo a doppio reddito per molto tempo compiuto Avere, *Primo* NO più alto Carriera- E doppia carriera possibilità rispetto alle donne con interruzioni e che sono ancora *seconde* non IL Stesso opportunità di carriera Come suo maschio avevano i colleghi. Ad esso diventa due cose chiaramente. doppia carriera In collaborazioni accademiche delle donne non falliscono a causa dei figli se i partner E disposizione di cura Trovare, Quello suo UN rientro assicura
Se Anche (Primo) con uno ridotto Ore lavorative. Per il altri punto Tuttavia, questi risultati indicano anche che le interdipendenze intra-partnership disposizioni esterno barriere di carriera per scienziati può compensare solo in parte. Tuttavia, non sono affatto

irrilevanti, perché per i partenariati degli scienziati mostra che il basso migliori opportunità di carriera per le loro donne attraverso una tradizionale definizione delle priorità la sua carriera attraverso un accordo a reddito singolo o a carriera singola mento è causato – che i bambini, tuttavia, per questa tradizionale divisione del lavoroNO ruolo svolto.

I bambini sono privi di significato per la tua carriera? No loro sono non. Tuttavia, i risultati di cui sopra chiariscono che le donne in la scienza, da un lato, meno frequentemente dei loro colleghi maschi, anche senza figli colleghi una carriera o insieme ai loro partner una doppia carriera riesce. Dall'altro, c'è la questione delle interruzioni di carriera e delle loro La durata è fondamentale. Con ciò non vengono i bambini di per sé, ma attribuisce particolare importanza alle rispettive *modalità di cura* , *come ad es* Il capitolo 3 mostra. Una carriera potrebbe donne con bambini soprattutto allora realizzare se loro - in considerazione dell'uso molto diffuso di un tradizionale nell divisione del lavoro fra IL Entrambi partner – Già nel Primo Età del bambino Strutture di assistenza esterne in combinazione con Utilizzare i servizi di supporto forniti da terze parti private. Così presto l'esternalizzazione tempestiva e flessibile ha consentito loro di farlo L'inizio, legati insieme con uno più grande flessibilità per quanto riguarda IL quotidiano Orario di lavoro, in quanto non coincidente con l'orario di apertura delle strutture di cura erano vincolati, ma allo stesso tempo anche attraverso l'utilizzo delle strutture di cura le direzioni non hanno sopraffatto le loro reti. Inoltre, un par- continuare a lavorare durante il (breve) congedo parentale come condizione per il successo zione, che si traduce in una continua integrazione nelle reti professionali alleggerito (per favore, riferisci Sezione 1.3). successo Questo non, durata uno chiaramente maggiore rischio di interruzione della carriera o addirittura di licenziamento.

– Ciò lascia senza risposta la domanda sul perché non tutti gli accademici le coppie hanno seguito questo accordo di cura.

Quali sono stati quelli benefici Condizioni per la realizzazione di un tale accordo? Per spettacoli capitolo 3 Primo, Quello Esso non A *differenze motivazionali* posizione. Donne con i bambini avevano ancora più probabilità di avere una carriera *scientifica* rispetto alle donne senza figli (77% vs. 63%). Tuttavia, si può osservare che ha successo ma le donne senza figli per questo obiettivo più spesso il loro desiderio di avere figli ancora non se ne era reso conto, ma non voleva nemmeno fare a meno dei bambini in generale dieci. differenze In IL orientamenti di carriera IL Donne erano con esso non dal desiderio di avere figli Piuttosto Prima qualunque cosa – Come Capitolo 4 Spettacoli – Attraverso le loro esperienze con il quadro esterno in modo più scientifico carriere e la situazione professionale nella coppia. C'è il primo resistere Quello IL professionale situazione IL maschio compagno In IL regola era più sicura di quella delle donne (per una spiegazione vedi la spiegazione zioni nella sezione 1.3, livello individuale). Sullo sfondo di questo Stesso Esperienza *nel Paio* così come del loro rispettivo Proprio Esperienze con

"Collegato Vite" in Scienza

Le scienziate hanno anche contratti a tempo determinato o disoccupazione da un lato, l'ethos professionale maschile della scienza (vedi paragrafo 1.2) interiorizzato e d'altra parte misura solo sulla base di queste esperienze - e non qua gender - il problema di conciliare lavoro e famiglia una priorità più alta rispetto ai loro mariti e colleghi maschi. *riuscito* scienziati sviluppare incluso molto diverso orientamenti professionali che li aiutino ad affrontare questa compatibilità problema: Alcuni di loro rinunciano alla persecuzione individuale gli obiettivi di carriera di entrambi i partner rispetto alla famiglia altra parte, invece, ha un uguale orientamento familiare Giusto. Per questi ultimi la "vocazione alla scienza" va oltre il contenuto, non avanzamento, e rimanere nel mondo accademico dipende dal opportunità più flessibile condizioni di lavoro dipendente fatto. IL Carriera-Tuttavia, il successo di questi scienziati dipende dalla partnership assertivo, perché ha bisogno del sostegno dell'uomo attraverso un in dal punto di vista professionale, un rapporto di coppia egualitario e sicuro occupazione o un buon reddito del Uomo.

Centrale rispetto alla quale è stata praticata la disposizione di cura nella coppia de, non erano situazioni motivazionali, ma le *strategie di supporto del Le coppie e le loro idee di genere sottostanti* riguardo a lich maternità e paternità dei due Compagno. La Figura 1.3 lo mostra i tre pattern principali osservati nelle analisi del capitolo 3 potrebbe diventare. È sorprendente che, in primo luogo, le idee tradizionali di uguaglianza menti nelle coppie con una maggiore esternalizzazione della cura dei figli e non - come molti si sarebbero aspettati - andare di pari passo con uno inferiore Potere. In secondo luogo dovere egualitario nozioni di uguaglianza IL Donne, Se Lei non SU altrettanto egualitario immaginazioni A tuo partner incontro, non conducano a una tale maggiore esternalizzazione. Questo Tuttavia, le donne corrono il rischio di accettare il lavoro principale contro la loro volontà. assumersi la responsabilità e l'onere principale di prendersi cura dei bambini – senza aiuto e di conseguenza subiscono restrizioni di carriera.

Non è questa la sede per dettagliare questi tre schemi, o per per spiegare come sono nate (vedi il capitolo 3 di questo libro). È importante a questo punto, per quanto riguarda il bilanciamento della realizzazione condizioni di carriera scientifica per le donne e doppie sottolineare che le nozioni tradizionali di divisione del lavoro nell'assistenza all'infanzia *non* corrisponde alle tradizionali aspirazioni di carriera le donne devono andare avanti; tuttavia è importante che le donne si attengano aderire a percepire entrambi i partner come *pari al lavoro* , in modo che questa donna it poi cercano un sostegno esterno e continuano la loro carriera (vedi Gruppo 1 dentro Figura 1.3).

* Menzione dei gruppi disciplinari in cui questo modello era più comune Fonte: compilazione da riscontri fuori da Capitolo 3 In Questo Un libro

Al contrario, il diritto delle donne all'uguaglianza nella cura dei bambini ung, che incontra un modello tradizionale dell'uomo, ad a successivo coinvolgimento di "terze parti". La pretesa di uguaglianza Il partner viene mantenuto per (troppo) a lungo. Strategia di legittimità gies sviluppato da parte di queste donne per spiegare perché il loro partner non *può* più fare (es. genere tradizionale assunzioni di ruolo da parte del datore di lavoro per il partner maschile anti- citato); Ma anche questi e le controversie conflittuali sulla mancata partecipazione del partner alla coppia (in cui anche il tradizionale l'atteggiamento del partner diventa visibile, poiché nonostante questo esplicito i processi di negoziazione nella coppia non coinvolta) non portano a questo Questo Donne Presto Dopo esterno Supporto 0. scarico cercare.

Per quanto riguarda la continuità professionale dopo la nascita dei figli così come il successo del supporto esterno nella loro cura mostra Kap- tel 3 che potrebbero essere gestiti meglio con "solo" un bambino. Le madri di successo professionale avevano maggiori probabilità di avere un solo figlio (48% contro 74% delle madri senza carriera). Al di là dell'accordo di cura – ma sicuramente anche come fattore favorevole per l'utilizzo di quelli esterni servizi di sostegno – è anche il *momento della nascita del bambino* significativo. Scienziate che crescono i propri figli dopo il dottorato ricevuto e/o da una carriera di successo quindi più propensi a continuare la loro carriera rispetto alle donne che iniziano in tenera età punto nel tempo della loro carriera scientifica hanno avuto i loro figli o in un momento in cui non hanno avuto successo nella loro carriera. essenziale che fattori per Questo Vantaggi Di Dopo tempistiche Sono differenze In IL finanziario risorse per (flessibile) esterno Cura, In la carriera

"Collegato Vite" in Scienza

risorse *di entrambi* i partner, nelle ipotesi di motivazione da parte del donatori e colleghi, nonché nelle possibilità di prosecuzione o riconnessione A Già stabilito professionale reti. Per Uomini mettere su famiglia (finora) non ha avuto alcun impatto sulla carriera riopportunità - nemmeno se sono con uno scienziato (con una carriera) vivendo insieme.

Questi risultati non dovrebbero in alcun modo essere intesi come un motivo per questo che le giovani donne ei loro partner pianificare strategicamente e trasferirsi sul retro e così via prevalendo quindi necessariamente sulle esigenze della sfera professionale dovuto. Tuttavia, chiariscono che le opzioni di assistenza esterna dieci e le strategie di cura interna della coppia rivestono particolare importanza quando realizzi una carriera con un bambino – e può quindi essere visto anche come un'indicazione dei cambiamenti che sarebbero necessari sul rapporto tra opportunità di carriera per le donne e famiglia costituzione e la sua tempistica (vedi sotto). Anche questo sarebbe quindi vale la pena perché la questione del momento giusto – che molti dei intervistato coppie accademiche In IL fatto posto – per molti da loro emotivofinale è molto angosciante.

Quanto sono importanti *la mobilità spaziale* e *la sistemazione abitativa* in collaborazioni accademiche? Il capitolo 5 mostra che solo il 60% dei accademicamente omogeneo e il 66% del campo professionale eterogeneo doppio coppie vissuto nello stesso posto. Ma anche con gli scienziati partner disoccupati era solo il 70%. residenziale multilocale sono quindi disposizioni (almeno temporaneamente) per molti scientifici studenti alla vita familiari di tutti i giorni. Ma non sono un fattore di successo per uno di per sé doppia carriera. Ad esempio, le analisi nel capitolo 5 lo hanno dimostrato che in coppie scientificamente omogenee scienziate con multilo- La sistemazione abitativa di Kalen non aveva una doppia possibilità di carriera più alta della loro Colleghi che vivevano con il loro partner in un posto. Più importante di così sistemazione abitativa era molto di piu IL Chiedere, se il datore di lavoro in corso della biografia professionale è stata modificata, perché dati gli schemi di carriera in la scienza implica la stabilità spaziale con una significativa riduzione la possibilità di realizzare carriere individuali e quindi duali A scienziati lungo. IL è chiamato, IL Risiedere A separato luoghi,IL non Attraverso Il cambio di datore di lavoro è causato non contribuisce alla carriera A. Al contrario, l'approccio strategico al datore di lavoro e quindi aumenta cambiamenti di lavoro legati alla carriera che entrambi i partner potrebbero dover trasferire in una posizione può portare alla probabilità che la coppia riceva una doppia carta Rif avere successo. Qui Spettacoli si a sua volta: Entrambi – esterno condizioni di carriera SU IL Locale mercati del lavoro legati insieme con coppia interna strategie di carriera
– porta contribuire a una maggiore possibilità di una doppia carriera rendersi conto.

La sinossi di questi risultati mostra che anche con

accademici le partnership garantiscono l'uguaglianza professionale tra uomini e donne in forma di doppia carriera non è affatto la regola e, inoltre, *nessuna* sufficiente Condizione per uno uguaglianza IL generi In IL divisione del lavoro all'interno della famiglia. Al contrario, un rapporto egualitario l'accordo in materia di lavoro e famiglia nella società non è sufficiente condizione necessaria per la parità di genere sul posto di lavoro mercato.

Le doppie carriere sono promosse da relazioni di coppia egualitarie o individualiste disegna – con quelli uno pure veloce tradizionale priorità IL carriera maschile attraverso condizioni esterne standardizzate maschili professionale carriere impedito diventare Potere – questo è Piuttosto possibile, Ma non necessariamente esecutiva. I responsabili di questo sono istituzionali ruoli di genere e cardinale professionale "individualista". modelli reciproci che "conflittuali" si intersecano nella partnership. Il Vertreccia da corsi di vita A doppia carriera È con esso Di più COME soltanto una questione di logistica o di coordinamento intra-partnership di pretese istituzionali.

tuttavia Dovrebbe IL intra-partnership prospettiva non Sotto- essere apprezzato – e non dalle coppie neanche. Un importante prerequisito per la realizzazione della doppia carriera è il riflesso corridoio con modelli di carriera E assistenza all'infanzia così come con IL decostruzionedelle idee sul ruolo di genere al di fuori e all'interno del partenariato coppia - e quindi una valutazione adeguata della rispettiva situazione. Questo è importante, da un lato, per evitare disuguaglianze nelle opportunità di carriera nella coppia A riconoscere E d'altra parte A Requisiti Possibilità IL eliminazione esplorare.

Tuttavia, la Figura 1.4 mostra una grande discrepanza a questo proposito: Entrambi gli scienziati sopravvalutano chiaramente la realizzazione di una doppia carriera nella loro partnership. Soggettivo è il la stragrande maggioranza di loro crede di avere un doppio Carriera conduce; vero Sono Esso Ma In tutti fasi della carriera chiaramente meno. Di conseguenza, la pressione del problema non è riconosciuta in molte di queste partnership e gli ostacoli alla carriera delle donne (perché, come spiegato sopra, tern le - oggettive - doppie carriere per lo più sulla loro carriera) no attivamente incontrato. Andare avanti così, però, porta a una solidificazione del equivale nel Paio.

In particolar modo notevole è la discrepanza nel scientifico lavoratori (con uno Differenza da 41 punti percentuali), A quelli è ancora pendente l'ultimo passaggio di carriera alla cattedra, che in vista del per lo più mancante Carriera oggettivamente raggiunta con questo falso la percezione probabilmente non sarà più facile o più probabile. Inoltre, luccio, Quello scienziato In tutti fasi della carriera più spesso uno distorto

"Collegato Vite" in Scienza

Percezione della realizzazione di una doppia carriera nella loro partnership hanno rispetto alle loro colleghe - e anche giustificato da ten(er) necessità di agire per quanto riguarda le opportunità di carriera professionale dei loro vedi donne. Sia gli uomini che le donne mostrano quel *doppio guadagno arrangiamenti* _ pure frequentemente Già con *doppia carriera* equiparato essere – un'equazione che, tuttavia, come le analisi in questo libro mostrare contribuendo al fatto che le donne hanno meno carriere nella scienza può fare).

Contrasti tra la presenza oggettiva delle doppie professioni e la valutazione astratta

Fonte: disco "Insieme fare Professione"; proprie stime

Quindi, nel caso in cui finalmente ci chiediamo cosa dovrebbe essere possibile, il nostro spettacolo Scoperte

che sviluppano ulteriormente la vocazione apre le porte per le donne nella scienza e le relative doppie professioni sia condizioni ragionevoli della struttura esterna nel mondo degli esperti sia riflessioni ampliate, scambio e le amministrazioni di coordinamento previste nell'organizzazione sono. Una professione esperta per i due complici - con concorrente È quindi importante potenziare il mantenimento dell'organizzazione e, se fondamentale, la vita di genitore associazioni di lavoro più adattabili, con quelle anche le Necessità che la famiglia può accogliere; richiede una maggiore adattabilità e con lo scenario operativo sintonizzato all'esterno degli uffici di assistenza all'infanzia (in ogni caso subordinato ai portafogli particolari delle coppie) nonché modelli modificati in Connessione su orientamento e vocazione nell'organizzazione e anche nell'associazione stessa. mente per di più, Come questo sguardo potrebbe essersi formato in un opuscolo di attività autonomo (cfr. Hess/Rus-coni/Solga 2011b).

2.   accordi di intreccio nel storia della coppia

2.1 L'intreccio dei percorsi di carriera nelle coppietra condizioni strutturali estrategie adattive

Oggetto Questo capitolo è lo studio dei modelli di interdipendenza delle storie occupazionali in coppia, cioè la combinazione delle quote (occupazionali). viabilità dei due soci, e la questione se certo professionale e familiare Gli eventi familiari portano a cambiamenti nell'interconnessione. Il termine Il modello di intreccio ha lo scopo di chiarire che la combinazione non lo è selettivamente - vale a dire solo in un singolo momento (ad esempio mese o anno) -, ma hanno avuto luogo in fasi della vita a lungo termine o le hanno caratterizzate. [1] Come discusso nel capitolo precedente, un requisito essenziale per doppia carriera, Quello Entrambi compagno uno occupazione perseguire. Poisoprattutto con queste cosiddette coppie a doppio reddito, porre la domanda fino a che punto entrambi i partner sono stati in grado di farlo raggiungere una posizione professionale adeguata alla rispettiva formazione e al proprio era l'età istituzionale.

I modelli intrecciati a coppie sono il risultato dell'interazione di specifico di genere processi SU diverso livelli (per uno Discussione vedi Rusconi/Solga 2008; Rusconi/Solga 2010). sul sociale l'influenza dei quadri sociali, culturali e istituzionali condizioni – come B. processi di segregazione specifici per genere in istruzione e sul mercato del lavoro o cultura del lavoro specifica del lavoro e logiche di carriera, ma anche le aspettative sociali nei loro confronti Organizzazione della cura dei parenti (soprattutto bambini) – chi possibilità di integrazione da Donne E uomini In partnership. Come illustrato nel termine " *strategia adattativa familiare* ", famiglia it ei loro membri, tuttavia, non si limitano a seguire passivamente le linee guida istituzionali e condizioni quadro. Piuttosto, le coppie lavorano ed elaborano queste specifiche ben E Potere adattivo strategie sviluppare, con quelli Lei tentativo,

---

1   Im seguente diventa in alternativa Anche IL Espressione disposizione l'ha usata professionale E privato   Obiettivi   A   raggiungere   (Vedere. Moen/Wethington 1992).
"Il concetto di strategia richiama il ruolo attivo (piuttosto che passivo) della famiglia unità e sottolinea il carattere dinamico della vita familiare; le famiglie si mobilitano e modificano il loro piano altro comportamento Piace loro circostanze modifica." (Moen/Wethington 1992: 246)
Trova tali processi a livello extra e intra-partnership non in una giustapposizione, ma in un rapporto reciproco collegamento reciproco (cfr. Geissler/Oechsle 2001; Moen/Wethington 1992). Le modifiche delle condizioni quadro possono comportare adeguamenti del intrecci e cambiamenti di strategia possono a loro volta modificare la posizione (relativa). uno o entrambi i partner sul mercato del lavoro e quindi l'opportunità strutture di entità per particolare accordi di intreccio rimandare. Inoltre, le strategie possono evolvere nel corso della partnership i cambiamenti In IL Compiti, priorità E Requisiti, Ma Anche negli obiettivi di uno o entrambi i partner nelle varie fasi di relazioni e carriere individuali (cfr. Levy/Ernst 2002; lunedì 2003; Nok 1998).
, i modelli di interdipendenza trovati empiricamente *non sono né l'uno né l'altro* strategie di partenariato *né* come somma di decisioni del comprendere i singoli membri della famiglia. Prima di tutto, perché loro risultato dell'interazione delle decisioni intra-partnership – inclusi compromessi e accordi (espliciti o

taciti). tra i partner - con il quadro di non partenariato rappresentare le cose. Ciò significa che anche i modelli di intreccio possono essere il risultato desiderato di strategie di partenariato, se ad es. B. dopo a COME temporale limitato concepito interruzione della carriera IL rientro senza successo nel lavoro. E in secondo luogo, perché i rapporti di potere tra membri della famiglia (Vedere. Sangue/Wolfe 1960), Spesso stratificato Attraverso Vecchio e genere (vedi Saraceno 1989), i processi decisionali. influenzare in modo significativo, in modo che le strategie familiari o di coppia non lo facciano (deve) corrispondere ai desideri e agli interessi di entrambi i partner (cfr capitolo 3 e 5 pollici Questo Un libro).

Le domande di ricerca di questo capitolo sono quali modelli di intreccio del Le traiettorie occupazionali stanno praticando scienziati e a quali dinamiche sono soggetti attraverso determinati rapporti professionali e familiari Eventi? In che misura e con chi è solo temporaneo i cambiamenti o a "cambiamenti" a lungo termine?

Accordi di entanglement nel corso della coppia

2.2 *modello di intreccio E "Esercizio Punti"*

Questo capitolo prenderà una prospettiva del corso della vita che consentirà possibili, aspetti strutturali così come individuali e intra-partnership Fattori in un contesto temporale (storico, ma anche biografico). menhang A Portare (Vedere. Kohli 1985). Anche preso in considerazione come uno prospettiva Anche IL Chiedere Dopo al Influenza prima eventi della vita, -condizioni E decisioni per IL ulteriore corso della vita (Vedere. Mayer 1991). Il focus di questo capitolo è sulle dinamiche del modelli delle traiettorie occupazionali degli scienziati e dei loro partner ner Sopra IL ciclo di carriera da un lato E Sopra IL ciclo familiare d'altra parte. Perché i cambiamenti in entrambe le sfere possono presentare nuove coppie pongono sfide, ma aprono loro anche nuove opzioni, che nuovo modelli di intreccio condurre (Vedere. Levi/Ernst 2002; moen 2003; Nok 1998). La distinzione tra sfera professionale e sfera familiare è da intendersi solo come separazione analitica, perché in realtà Uomini E Donne contemporaneo In specifica professionale E fasi familiari,
es. B. in fase di dottorato e contemporaneamente madre o padre di un bambino Di.
Nella *sfera professionale* , l'occupazione nella scienza gestisce centralmente le fasi di qualificazione. Per una carriera ai massimi livelli istituto di ricerca scolastico o non universitario, il dottorato è poche eccezioni essenziali. Segna anche l'acquisizione del dottorato l'unico passo centrale nello sviluppo professionale del management forze nella pubblica amministrazione, nella politica e nel settore privato e fornisce con esso Anche Qui UN importante fattore al scalata IL scala di carriera(cfr. Enders/Bornmann 2001; Hartmann 2002). La possibilità L'assunzione di compiti (di gestione) responsabili spesso va di pari passo di pari passo con

l'acquisizione del dottorato. Inoltre, forma di occupazione E ambito di lavoro per Attività, IL uno promozione assumere ad esempio nella scienza: a parte alcuni discipline E differenze di genere diventare Dopo IL promozione Le sovvenzioni sono meno comuni e i contratti di lavoro a tempo pieno sono più comuni (cfr. Hess/Rusconi/ Solga 2011a; Zimmer/Krimmer/Stallmann 2007). Per quanto riguarda la finanziaria protezione e opportunità di lavoro e di carriera fanno di un professionista il movimento ha un effetto positivo in molte aree professionali. Gli associati quali maggiori risorse finanziarie consentono alle coppie da un lato modelli piuttosto individualistici dell'interdipendenza delle loro traiettorie occupazionali pratica (cfr. Bathmann/Müller/Cornelißen 2011; Dettmer/Hoff 2005), perché questo significa, ad esempio, residenze separate, spostamenti, ma anche esterni Le soluzioni per l'infanzia sono più convenienti, il che significa che entrambe le parti in grado di svolgere la loro attività lucrativa in modo relativamente indipendente l'uno dall'altro. d'altra parte aprire Lei coppie Anche IL Possibilità, SU uno (secondo) Astenersi da attività lucrative, soprattutto se oltre a quelle finanziarie risorse IL professionale Requisiti Dopo IL promozione Anche sono saliti E coppie prima Problemi di (in)compatibilità essere chiesto.

Con IL rilevare da mansioni manageriali è il compito spesso non Di più "soltanto" IL Scrivere IL Proprio lavoro di qualificazione E possibilmente. IL cooperazione su un progetto, ma anche l'acquisizione e la realizzazione di un progetto progetto e l'orientamento dei dipendenti. Si tratta quindi di i regali, IL con più grande spazio temporale requisiti di disponibilità può andare di pari passo. Inoltre, i requisiti spesso aumentano spaziale mobile essere a avanzare la propria carriera.

Uno Indagine dottorato di ricerca scienziati E

ingegneria correre entro E al di fuori di IL Scienza Potevo spettacolo, Quello Dopo il dottorato, i primi quattro anni di insediamento professionale sono i più mobili La fase rappresenta e rappresenta una relazione positiva tra le mosse e successo professionale (Becker et al. 2011: 42f.). Soprattutto le donne con posizioni dirigenziali (dai quadri intermedi) erano spesso mobili maschi rispetto alle loro colleghe in posizioni professionali inferiori (Becker et al. 2011: 42). Uno studio sulle malattie professionali è giunto a conclusioni simili mobilità da accademico E non accademico educato persone In Germania: Mobile Sono Prima qualunque cosa persone con posizione di leader nel dirigenza media. D'altra parte, il trasferimento legato al lavoro e mobilità pendolare In IL più alto fasi della carriera lontano (Taglierina et al. 2008: 134). Queste forme di mobilità sono quindi per salire la scala della carriera necessario. Tuttavia, una volta raggiunta una posizione di vertice, il mobile requisiti di qualità inferiore O IL Possibilità maggiore, si Questo Requisiti A opporsi (cfr. Schneider et al. 2008). Oltre e oltre la mobilità di ricollocazione è superiore alla media per le persone temporanee sono impegnati; vale a dire l'insicurezza sul lavoro aumenta anche la necessità mobilità spaziale delle cose (Schneider et al. 2008: 135).

A causa delle lunghe fasi di qualificazione in genere temporanee i rapporti di lavoro sono appunto percorsi di carriera nella scienza rispetto ad altri campi professionali a causa di una fase più lunga di insicurezza sicurezza segnato. Primo IL vocazione SU tutta la vita (Professoreria) Inuna fase relativamente avanzata della vita rappresenta un sicuro (illimitato) occupazione (cfr. Zimmer/Krimmer/Stallmann 2007). percorsi di carriera in IL Scienza Sono non solo comparativamente lungo, Piuttosto Anche molto rischioso, Poi uno cattedra ottenuto forte stime da giasone, Schomburg e Teichler (2006: 70, 72) solo ogni decimo dottorato e ogni terzo "candidato serio". Di conseguenza, le carriere universitarie lo faranno anche come particolarmente "precario carriera" (cfr. Enders 2003).

Compiti e requisiti professionali, ma anche di tempo e finanziari Le possibilità sociali differiscono prima e dopo il dottorato. Da Perciò mette si IL Chiedere, in quale modo Questo Entrambi fasi di carriera con

Intrecci arrangiamenti nel corso della coppia

diverso modelli di intreccio IL storie occupazionali IL Conoscenza- dipendenti e dei loro partner. Sarà l'aumento spazio temporale requisiti di lavoro In IL fase post dottorato con uno aumento da collaborazioni monoreddito accompagnato? Consistono dato IL più alto incertezza scientifico carriere scientificamente Da un lato, è più probabile che le unioni siano composte da coppie a doppio reddito, ma loro d'altra parte in particolar modo "instabile" modello di intreccio rappresentare, Là In In queste coppie, entrambi i partner lavorano nel campo professionale "rischioso" della scienza Sono?

Da un gran numero di studi è noto che nella *sfera privata* la nascita del primo figlio porta ad aggiustamenti nei modelli di interdipendenza di occupazione può portare a partnership (cfr. ad esempio Becker/Moen 1999; Piccolo 1996; Schulz/Blossfeld 2006). Dritto IL sociale Aspettative di disponibilità e responsabilità spazio-temporali della madre per il/i figlio/i è spesso in contrasto con il professionista chen (Hardill/van Loon 2007: 169) e spesso porta a Interruzioni di lavoro e interruzioni di carriera (in partenza) (cfr. capitolo 3 in questo Un libro; Genen 1993; Vogel/Hinz 2003). I padri, invece, con l'obiettivo di garantire la famiglia e quindi l'avanzamento professionale, Ma non (ancora) la loro disponibilità spaziale e temporale per la famiglia (cfr. Hardill/Van Loon 2007). L'intreccio tra vita e lavoro correre In partnership quindi vince A Complessità, Se dalle coppie diventare famiglie (cfr. Hess/Rusconi/Solga 2011a), tanto più che le esigenze spaziali sulla sfera professionale e privata completamente diverso logiche risultati, mentre forse nemmeno l'inverso lo è. È da notare che le donne sono quasi certe degli uomini dopo l'introduzione della loro prima intrusione nel loro lavoro redditizio, tuttavia quale lavoro svolge il disegno dell'intreccio prima della nascita? In quali coppie ci sono solo cambiamenti momentanei e quali sono cambiamenti a lungo termine? polmoni - e perché?

Di queste domande si parla sotto lungo la logica scissione tra lavoro e fase familiare che è stata ispezionata. Mentre nell'Area 2.3 le tecniche e le definizioni mostrate diventano, il Segmento 2.4 Dedicato all'esame dei progetti di affidamento quando gli esami di dottorato e il Segmento 2.5 L'unione progetta l'introduzione del primo bambino.

2.3   metodi E definizioni

I dati con gli scienziati servono come base per questo capitolo condotto interviste standardizzate sul corso della vita (si veda il capitolo 1 in questo sem Un libro). COME Primo fase della carriera diventa IL Fase di dottorato esaminato.

Questa fase è chiamata i tre anni per gli scienziati con un dottorato definito prima di acquisire un dottorato, mentre gli scienziati IL al tempo di interviste Ancora non aveva un dottorato IL tre anni prima dell'intervista. [2] Per la fase successiva alla promozione zione, tutti gli scienziati con un dottorato (inclusi i professori con dottorato) inclusi nell'analisi e loro modelli di interdipendenza fino a esaminato fino a sei anni dopo l'acquisizione di tale titolo. Per il Confronto dei modelli di interdipendenza nel corso della famiglia, tutta la conoscenza coinvolti con almeno un bambino biologico nell'analisi geni osservati almeno due anni prima della nascita del primo figlio divenne. COME "più intenso" fase familiare divenne i modelli di intreccio fino a sei anni dalla nascita del primo figlio considerato.

Sulla questione dell'interdipendenza dinamica delle storie occupazionali perseguire in partnership, era per ogni mese del rispettivo carriera o fase familiare, se gli scienziati erano coinvolti in una partnership. [3] stabilire una partnership prima, ogni mese univa l'attività dei due soci considerato e tra la presenza o l'assenza di distinguere tra due lavori. [4] Se hai un solo lavoro in Si formarono due categorie: [5]

- percettore: Soltanto IL compagno/il compagno andato uno occupazioneDopo.
- unico percettore: Soltanto IL scienziato era impiegato.

Nel caso di interdipendenze con due lavori, la combinazione nazioni dei settori professionali delle attività dei due partner tre categorie certamente:

– scienza omogenea doppio reddito: Entrambi compagno erano nel scienzasistema scientifico impiegato.

2 Gli scienziati con un periodo di osservazione più breve sono stati esclusi dall'analisi escluso, che ha colpito il 16% degli scienziati (principalmente al momento del interviste studenti non dottorandi).

3 Per Entrambi professionale E fasi familiari divenne scienziati fuori da IL analisi esclusi coloro che erano con più di un partner. Questo è arrivato trovato raramente nel nostro campione: solo il 6% degli scienziati aveva più di una parte- nership nei tre anni precedenti il dottorato e il 6% nei sei anni successivi al dottorato Promozione. Solo quattro scienziati uomini e due donne vivevano in più di uno Partnership nei due anni prima della nascita del loro primo figlio. tutta la scienza studenti rimasto In IL Stesso associazione In IL sei anni in seguito.

4 sovvenzioni con uno finanziario Sostegno finanziario diventare COME lavoro retribuito considerato.

5 A rigor di termini, entrambe le categorie sono coppie monoreddito, poiché un solo partner è impiegato. La distinzione concettuale tra le categorie di singolo e percettore serve solo a distinguere chi era impiegato nella società: part- ner O Scienziato.

Accordi di entanglement nel corso della coppia

– Settore occupazionale doppio reddito eterogeneo: gli scienziati lo erano all'interno, i partner al di fuori della scienza occupato.

– doppio guadagno al di fuori di IL Scienza: Entrambi compagno andato Lui- attività commerciali al di fuori della scienza Dopo.

Infine, tutte quelle coppie in cui entrambi i partner non erano occupati.

Dal momento che questo capitolo si occupa dell'interdipendenza in alcuni professionisti e familiari fasi di pegno e non solo in un singolo momento (ad esempio mese o anno), l' esplorativo metodo tivo di "corrispondenza ottimale" per l'analisi di sequenza (cfr. Brzinsky-Fay/Kohler/Luniak 2006). Per il rispettivo professionista o famiglia fasi di pegno stavano combinando le attività dei due partner per determinati ogni mese (vedi sopra) e nel loro ordine cronologico sequenza A sequenze composto. Questo sequenze divenne Poi rispetto per creare una matrice di distanza, [6] quale il costituisce il punto di partenza per l'analisi dei cluster. Con lei poi gruppi di Sequenze – cioè ricercatori con sequenze simili di treccia - identificato. [7] L'omogeneità all'interno dei cluster e il L'eterogeneità tra i cluster ha permesso di classificare il contenuto dell'interconnessione (esistente) caratteristica di queste fasi modello.

Lungo la separazione analitica tra fase professionale e familiare la sezione seguente esamina prima in modo descrittivo quale motivo a treccia IL scienziati Prima E Dopo IL promozione praticato e le dinamiche di questo durante le due fasi professionali soggetto. Quindi, utilizzando analisi multivariate, l'influenza caratteristiche strutturali, di origine e di coppia occupazionali per determinate relazioni vengono esaminati i modelli di intreccio e il significato dell'intreccio precedente intervalli esplorati in seguito. A tal fine, nella sezione 2.4.3 ipotesi ben formulato. Con la stessa struttura, nella sezione 2.5 i motivo a treccia dopo la nascita del primo bambino esaminato.

---

[6] Come di consueto nella ricerca, sono stati presi in considerazione i costi per le sostituzioni a 2, il costo indel (inserimento e cancellazione) posto a 1 (cfr. Brzinsky-Fay/Kohler/luniak 2006).

7 Qui è stato utilizzato il metodo Ward (metodo gerarchico). Lì, però i test statistici convenzionali non sono applicabili con i dati di sequenza, il finale numero di cluster a causa di differenze di contenuto - così come un numero sufficiente di casi - è corretta (Brzinsky-Fay 2007: 413).

2.4 Accordi di interdipendenza nel corso del lavoro

2.4.1 Modello IL intreccio

L'analisi dell'interdipendenza dei percorsi di carriera degli scienziati e i loro soci nei tre anni prima del dottorato ne fanno sei Schema (Figura 2.1).

Figura 2.1: Schema intrecciato di storie lavorative prima del dottoratoIL Scienziati *
dv = doppio guadagno
Tutto scienziati IL almeno tre osservato anni prima della laurea divenne. Nel caso di studenti non dottorandi, questo è il periodo di tre anni prima Colloquio.
Fonte: documentazione "Insieme Carriera Fare"; Proprio calcoli
IL più comune disposizione erano campo occupazionale eterogeneo doppio guadagno (31%, modello n. 2), [8] cioè coppie in cui gli scienziati avevano un impiego nel campo scientifico mentre i soci uno occupazione In uno altri campo professionale perseguito. IL secondo

---

[8] quantitativo descrizioni divenne per quanto riguarda Di genere, IL livello di carriera E Le discipline sono ponderate in modo che - come previsto dal piano di campionamento (cfr Questo Un libro) – Sempre A Stesso azioni rappresentare Sono.

Intrecci arrangiamenti nel corso della coppia
più comune gruppi erano per il UN accordi per un lavoratore singolo, COSÌ Coppie in cui solo lo scienziato cerca lavoro andato (24%, modello n. 4), e dall'altro doppio scientificamente omogeneo percettori (23%, modello n. 1), ovvero coppie in cui entrambi i partner sono nel Scienza impiegato erano. Anche per colpa di nostro campionamento era solo una minoranza di scienziati nella fase di dottorato prevalentemente single (11%, campione n. 6). [9] Anche molto rari erano accordi in cui solo il partner cerca lavoro è andato (7%, modello n. 5), così come gli accordi con doppio reddito al di fuori del Accademico, cioè coppie in cui entrambi i partner non sono al college O. nel campo scientifico (3%, campione n. 3).

IL distribuzione Questo sei modello di intreccio differisce si chiaramente tra generi e fasi di carriera. [10] Già nel fase di dottorato, c'erano tre principali differenze tra le conoscenze Imparare E scienziati. *Primo* : IL tre doppio percettore gli arrangiamenti insieme erano l'intreccio più comune di entrambi i sessi ter. Tuttavia, erano più comuni tra le scienziate rispetto alle loro Colleghi (66% vs. 50%, Figura 2.2). Circa un terzo dei maschi Prima del suo dottorato, lo scienziato era l'unico capofamiglia del partner comunità, mentre solo una minoranza di donne lo ha fatto (35% vs. 13%). *In secondo luogo* dà Esso UN chiaro differenza di genere In IL Diffusione di partenariati scientificamente omogenei. Quasi all'una terzo delle scienziate, ma meno di un quinto di esse colleghi maschi, entrambi i partner erano attivi nella scienza (29% vs. 17%). *In terzo luogo* , più del doppio delle scienziate praticavano come gli scienziati l'accordo per reddito singolo (10% contro 3,5%). Significare- Tuttavia, le differenze erano evidenti nella diffusione di eterogenei A partnership così come dal singolo modello E da doppio percettore disposizioni all'esterno di Scienze.

9 A causa del campionamento casuale, nessuno dei dati al momento dell'intervista apparteneva a questo modello studenti non dottorandi (vedi capitolo 1 in questo libro). Questo gruppo comprendeva il 23% dei al momento dell'intervista assegnisti di ricerca uomini e donne e il 13% dei professori sors e il 15% di professoresse donne.

10 Ci sono anche differenze tra le discipline, che non sono citate in modo descrittivo per motivi di spazio verrà trattato più in dettaglio. Dovrebbe essere solo brevemente sottolineato qui che agli uomini piace Le collaborazioni omogenee erano più comuni tra le donne nelle scienze naturali che nelle altre discipline (cfr. Hess/Rusconi/Solga 2011a). Quasi il 40% delle scienze naturali le donne e almeno un quinto dei loro colleghi specialisti facevano parte di una ricerca coppia di scienziati. Per le donne delle altre discipline, invece, questa disposizione non fa eccezione: il 27% di tecnico e il 22% di scienze sociali apparteneva al gruppo accademicamente omogeneo. Nelle scienze tecniche e sociali scienziati erano Esso 15% O. 16,5%.

Fonte: documentazione "Insieme Carriera Fare"; Proprio calcoli; ponderato Dichiarazioni

In sintesi, diventa chiaro che ci sono più scienziate che senschaftler ha affrontato la sfida ancor prima del dottorato Sono, due lavoro retribuito nel comune disposizione da Professione e la famiglia da considerare. Inoltre, questa interdipendenza avviene a Le donne lo tenevano molto più spesso delle loro controparti maschili nello stesso Campo occupazionale (cioè nella scienza). Per una "conoscenza condivisa" e "comprensione reciproca" delle regole, dei requisiti e Le possibilità di plasmare la professione comune possono a sostegno allo sviluppo professionale di entrambe le parti ner (cfr. Hess/Rusconi/Solga 2011a). Dal momento che in accademico Nelle partnership, tuttavia, entrambi i partner sono relativamente rischiosi e perseguire una carriera incerta, anche una partita del genere può portare ulteriore stress e rischio di fallimento. Con Questi "vantaggi e svantaggi" sono le scienziate più spesso di schaftler affrontato.

Il confronto dei modelli di interdipendenza tra scienziati, che si trovavano in diversi stadi di carriera al momento del colloquio trovato, tuttavia, chiarisce che questo vale anche per gli scienziati maschi Partnership con doppio reddito In IL Fase di dottorato sempre più IL Regola diventare. COSÌ Registrati IL tre accordi a doppio reddito A- insieme UN chiaro Aumento del 37% tra i professori di oggi 50% per gli assegnisti e addirittura 68% per chi non si è (ancora) laureato. Nel In compenso, c'era "solo" quasi un terzo dei non dottorandi maschi e i postdoc sono gli unici capifamiglia nella partnership mentre questo è quasi la metà dei professori aveva ragione (46%). Inoltre, risulta che in particolare scientificamente omogeneo partnership COME modello di intreccio A significato

Intrecci arrangiamenti nel corso della coppia

vincita. Quasi un terzo dei laureati non dottorandi maschi, ma solo poco meno di un quinto dei dottorandi maschi e il 6% dei professori ren In la fase di dottorato uno collaborazione accademicamente omogenea. [11]

A causa di questo marcato aumento dei modelli a doppio reddito in tutto il mondo comune e il modello scientificamente omogeneo in particolare giovani scienziati maschi e femmine in partenariati simili. Le scienziate si sono sempre confrontate con la sfida ted ad unire due percorsi di carriera ancor prima del dottorato tessere, È Questo uno Compito, IL Al giorno d'oggi anche sempre più sul loro maschio colleghi (cfr cap 1 poll Questo Un libro).

2.4.2 *dinamica IL modello di intreccio*

L'intreccio di percorsi vocazionali nelle associazioni è dovuto ai cambiamenti rappresentati. Da un certo punto di vista, pur prevalendo in tutti gli esempi - come mostrato nella Figura 2.1 - ovviamente un mix degli esercizi dei due complici, tuttavia ci sono anche ricercatori in ogni esempio, che a volte praticano una miscela alternata dei loro esercizi esperti abbelliti. Inoltre, anche i progetti di relazione si spostano sulla direzione di una professione. L'intreccio del lavoro rappresenta l'ora di incontri laureati ricercatori e docenti per il Periodo fino a sei anni dopo il dottorato mostra le due somiglianze e inoltre contrasti contrastanti con i percorsi di azione prima del dottorato (Figura 2.3). Dopo il dottorato ci sono stati cinque raduni, ciascuno con una dispersione piuttosto unica per abbinare i progetti durante l'avanzamento. 12 Inoltre c'è un ulteriore raduno, quello diretto attraverso una miscela di vari mix degli esercizi dei due complici disegna è (disegno #6). 13

11 Per quanto riguarda la diffusione accademicamente omogenea e unica In termini di guadagni, ci sono solo piccole differenze non superiori a 5 punti percentuali. Entrambi Scienziate è la più grande differenza tra i livelli di carriera nel Diffusione di assetti eterogenei in ambito professionale: la loro quota scende dal 39% tra i non hanno conseguito il dottorato al 23% tra le professoresse di oggi. Questa differenza è principalmente a causa della maggiore percentuale di professori donne che gles erano.

12 Come prima del dottorato, circa la metà degli scienziati svolge una formazione professionale rogen (31%, modello n. 2) o partnership a doppio reddito

accademicamente omogenea (21%, modello n. 1). Lavoratori single (12%, Schema n. 4) e accordi con doppia fonte di reddito al di fuori del mondo accademico (5%, schema #3). C'è anche un unico gruppo significativamente meno frequente dopo il dottorato (4%, pattern #5). Dopo il dottorato, tuttavia, non esiste un chiaro accordo di monoreddito da uno non occupazione del Scienziato.

Uno ulteriore suddivisione Questo modello porta due ulteriore gruppi apparire (non illustrato). Da un lato, una combinazione di doppi guadagni eterogenei del campo occupazionale chiamata E accordi per un lavoratore singolo, A quelli IL compagno non impiegato era. dv = doppio guadagno

* laureato scienziati (Incl. professori)

Fonte: documentazione "Insieme Carriera Fare"; Proprio calcoli.

Un esame della partecipazione alla raccolta quando il dottorato mostra sia piani di gioco duraturi che cambiamenti. Dalle informazioni e dai ricercatori che hanno un campo di esperienza prima del loro dottorato, un'organizzazione eterogenea ha sentito qualcosa di meno come la parte degli uomini e qualcos'altro come la parte delle donne anche nei sei anni che accompagnano questo incontro a (47% contro 54%). contrasti più netti tra le persone, tuttavia, esistono tra le persone che hanno cambiato il design della mesh dopo la laurea. Mentre il 17% degli scolastici che avevano un complice sapientemente eterogeneo prima di fare il dottorato erano l'unico fornitore dopo aver terminato il dottorato, non c'è stato un cambiamento in nessuno Ricercatore. Solo in occasioni estremamente rare visto come esperto

D'altra parte, una combinazione di doppio guadagno eterogeneo dal punto di vista occupazionale e accordo accordi di servizio in cui lo scienziato non era impiegato. Il primo La combinazione è più comune tra gli scienziati di sesso maschile rispetto alle donne (17,5% vs. 10%), Mentre IL Opposto A IL secondo combinazione IL caso È (6% vs. 18%). Poiché questi gruppi hanno molti casi censurati (cioè l'intervista è avvenuta prima delle sei anni dopo il dottorato) è discusso nelle spiegazioni e analisi che seguono Questo gruppi non più vicino ricevuto.

Accordi di entanglement nel corso della coppia

cambio di campo – nel sensi uno Registrazione da attività In IL Scienza

– dei partner (meno del 4% sia di uomini che di donne). [14] Uno simile altezza stabilità IL modello di intreccio era A Scienza- per trovare studenti che, prima di completare il dottorato, hanno lavorato in comunità: il 52% degli uomini e il 57% delle donne lo hanno fatto IL seguente sei anni. A Questo gruppo ha dato Esso Tuttavia Anche ge tipo cattivo modifica IL Modello di intreccio: Dopo IL promozione divenne 17% IL Scienziato, Ma soltanto uno scienziato per il unico percettore. Un altro 13% delle donne, ma solo il 3% degli uomini cambia all'accordo di doppio reddito eterogeneo del campo occupazionale, cioè i loro partner ner non erano di più in sistema scientifico impiegato. [15]

Quindi gli scienziati non erano leader solo a metà anche prima di ottenere il dottorato spesso una partnership scientificamente omogenea come i loro colleghi, ma Anche altri sono rimasti un po 'meno frequentemente con questa disposizione Corso. Stesso è applicabile per campo occupazionale eterogeneo Partnership: Meno Scienziati come scienziati vivevano stabilmente in un posto simile Disposizione. La stabilità, invece, è evidente per gli scienziati maschi nel modello monoreddito: il 42% di loro è rimasto dopo il modello movimento con questa disposizione (contro il 14% degli scienziati), e solo un terzo degli scienziati è passato a uno dei tre duali nerpattern. Per le donne di questo gruppo, invece, era del 29% i loro partner, che in precedenza non avevano un'attività lucrativa, iniziano un lavoro nel settore scientifico e per un altro 14% i partner sono stati trovati al di fuori della scienza lancia impiegato.

Rispetto alla fase dottorale, la fase postdoc è composta da per riassumere che la proliferazione della partnership a doppio reddito leggermente aumentato (dal 55% al 58% di quelli con dottorati e professori sors). Da un lato, questo sviluppo è stato causato dal fatto che La maggior parte degli scienziati che hanno completato il dottorato nel gruppo unico apparteneva Dopo IL promozione Parte uno coppia con doppio reddito divenne (52% degli scienziati e 65% degli scienziati in questo gruppo).D'altra parte, un terzo degli scienziati maschi che hanno lavorato prima erano l'unico percettore del dottorato, ad uno dei tre doppio percettore gruppi. Questo "tardi" Registrazione uno occupazione da parte IL partner è anche associato alla caratteristica differenza di età nelle coppie deve: perché le partner femminili sono in genere più giovani di quelle scientifiche ler (vedere il capitolo 1 in questo libro) in modo che possano essere utilizzati in un secondo momento suo Studi laurearsi e trovarsi un lavoro registrare.

14 Circa il 30% degli scienziati del gruppo precedentemente eterogeneo è passato a il gruppo misto. Certo, un tale cambiamento era più comune tra le donne che tra gli uomini Trovare, IL differenza di genere È Tuttavia con soltanto 5 punti percentuali molto piccola quantità.

15 Circa un altro quinto degli scienziati del precedente scientificamente omogeneo gruppo cambiato al misto Gruppo. Qui esiste NO differenza di genere.

Tuttavia, gli scienziati maschi erano e rimasero non solo tener in condizioni di doppio reddito rispetto alle loro colleghe; è andato anche a loro un cambiamento nel modello di intreccio molto più frequentemente con a interruzione dell'attività professionale dei propri partner. Se la conoscenza le scienziate, d'altra parte, hanno lasciato un modello a doppio guadagno, quindi prima qualunque cosa per colpa di uno modifica nel campo di attività Di partner (Prima qualunque cosa in partenariati scientificamente omogenei). Ciò significa in tutti i professionisti sen, l'occupazione remunerata delle scienziate si svolge prevalentemente in contesto di una partnership a doppio reddito. Queste coppie dovrebbero tuttavia, da una prospettiva, avere il potenziale per doppie vocazioni (vedi Sezioni 1 e 5 in questo libro); poi di nuovo, si confrontano con le difficoltà extra che gen ha dovuto affrontare, le due posizioni per la preparazione e progettazione congiunta di Calling e Family address. Che l'adattamento di queste difficoltà sia un'impresa problematica a cui le organizzazioni complici spesso con una (impermanente) rinuncia al lavoro produttivo dei complici in risposta diventano, mostrano i risultati per il progetto di intreccio del ricercatore maschio.

2.4.3 *Fra approssimazione E perseverare differito*

In IL precedente finiture divenne differenze In IL intreccio modelli di zione IL scienziati E scienziato chiaramente. Nel Quanto segue esamina i motivi per cui un certo groviglio disposizione è stata praticata e se la differenza di genere attraverso un effetto specifico di genere delle stesse caratteristiche e/o qualcosa del genere i cosiddetti effetti di composizione (cioè una diversa composizione del gruppo collocamento riguardo a certi caratteristiche) spiegare può lasciare.

Da un lato, *le caratteristiche della struttura occupazionale sono utilizzate come fattori esplicativi* presi in considerazione: la disciplina del primo grado accademico e il coorte di laurea. Soprattutto dall'inizio degli anni '90, il tasso di partecipazione delle donne con istruzione accademica è aumentata notevolmente (cfr. Anger/Konegen-Gre- ner 2008). Ciò dovrebbe ridurre la probabilità di un partner con doppio reddito scienze – sia tra gli scienziati maschi che nella scienza gambo - favore. Di conseguenza, le differenze di genere dovrebbero Scienziati che hanno ottenuto il loro primo titolo accademico dal 1990 acquisito può essere inferiore rispetto alla coorte di laureati più anziani. Ciò nonostante dovere preso in considerazione diventare, Quello Donne In tipico maschio discipline erano e rimarranno svantaggiati nelle loro opportunità di lavoro (cfr. Solga/ Pfahl 2009), che è un maggiore rischio di interruzioni di carriera (involontarie) e di conseguenza ge Potrebbero derivarne accordi per un solo percettore.

Inoltre, *vengono prese in considerazione le caratteristiche di origine* : il luogo di nascita In Ovest- O Germania dell'est E IL occupazione IL Madre Mentre

Intrecci arrangiamenti nel corso della coppia

la tua stessa infanzia. Non solo prima della "Wende", ma anche oggi le due parti della Germania differiscono significativamente in termini di uno Accoglienza e sostegno al lavoro femminile (cfr. Dressel 2005) – un importante prerequisito per realizzare doppi guadagni disposizioni. Di conseguenza, la differenza nell'interconnessione sterna fra tedesco occidentale scienziati E scienziati essere più grande dei loro colleghi della Germania dell'Est. Allo stesso modo, dovrebbe-dieci una socializzazione "più egualitaria" e il modello di ruolo degli occupati madre la probabilità di single o single tipici del sesso ridurre le modalità di guadagno sia per gli uomini che per le donne. Questo Dovrebbe A minore differito fra scienziati E scienziati con madri lavoratrici condurre.

Finalmente diventare *sociodemografico tratti di coppia* preso in considerazione: la costellazione di età e la presenza di bambini. società precedente ricerche al Significato della costellazione di età per le modalità di lavoro nelle coppie di accademici mostrano – seppur non inequivocabilmente – quel doppio Gli accordi di servitù sono più applicabili quando le donne sono più anziane dei loro partner (cfr. Rusconi/Solga 2007; Solga/Rusconi/Krüger 2005). A proposito Inoltre, è prevedibile che i partner della stessa età avranno principalmente l'opportunità di scientificamente omogeneo Modello limitare Potevo. A Questo coppie alcuni (e simili) passaggi e requisiti di carriera devono essere essere padroneggiato allo stesso modo, mentre le coppie da occupazioni eterogenee diverse logiche professionali, almeno in parte, un'equiparazione dei requisiti può supportare. Infine, è noto dalla letteratura che i bambini aumentano il rischio di accordi monoreddito tipici del genere gallina (vedi paragrafo 2.2 così come il capitolo 3 In questo libro). Perciò Dovrebbe le differenze tra scienziati maschi e femmine bambini essere più grande che tra individui senza figli.

Nell'allegato, si analizzerà quale impatto hanno avuto per il tempo precedente al dottorato gli attributi relativi alla costruzione, al futuro e alla corrispondenza delle parole sulla connessione di specifici mazzi di intrappolamento. Come mostrato nel segmento 2.4.1 ci sono chiari contrasti tra maschi e femmine Ricercatori nella diffusione dei piani di gioco del lavoratore unico e del lavoratore singolo, nonché del design del doppio lavoratore sperimentalmente omogeneo. La probabilità di avere un posto in uno di questi incontri è stata determinata utilizzando ispezionati da ricadute di probabilità diretta. Le probabilità tive complessive delle ricercatrici rispetto a quelle maschili: il valore 1 implica che le persone hanno una probabilità simile per un particolare disegno di intreccio, i valori più importanti di 1 indicano una maggiore probabilità per le donne e, d'altra parte, le stime inferiori a 1 hanno una minore probabilità. come arbitro La classificazione di riferimento per il disegno relazionale è diventata eterogenea nel campo di azione prescelto, vale a dire le coppie, in quelle che il Ricercatore presso

è stato utilizzato presso un college o una fondazione di esame durante il complice ricercato una chiamata oltre la scienza. Come nelle aree esaminate in passato, questo era il ter più noto per i ricercatori uomini e donne e l'incontro con la minima distinzione nell'orientamento sessuale.

Figura 2.4: Probabilità relativa delle donne rispetto a uomini per omosessuali single, monoreddito e accademici modello di geni prima del dottorato (riferimento: berufsfeldhete- modello Rogen)

M0 : sesso; *M1* : caratteristiche della struttura del lavoro; *M2* : struttura del lavoro + origine caratteristiche; *M3* : struttura occupazionale + caratteristiche di origine + tratti di coppia
Fonte: documentazione "Insieme Carriera Fare"; Proprio calcoli

La Figura 2.4 mostra le probabilità relative della scienza rispetto agli scienziati, l'unico capofamiglia, Disposizione monoreddito o bireddito accademicamente omogenea in appartenere alla fase di dottorato. Se nessun'altra caratteristica oltre a mal considerato, gli scienziati hanno il doppio delle probabilità di farlo probabilità di come le scienziate siano le uniche a guadagnare nel partner albero (M0). 16 Al contrario, per le scienziate c'è un più di Doppio probabilità di fronte tuo Colleghi, In uno accordo

---

16 La probabilità di un modello monoreddito rispetto a un modello eterogeneo l'arrangiamento genetico a doppio reddito era del 54% (rispetto al 28% A scienziati).

Intrecci arrangiamenti nel corso della coppia

vivere come servo (cioè solo il partner è occupato). [17] Uomini e le donne, d'altra parte, differiscono solo leggermente in termini di loro probabilità uno scientificamente omogeneo doppio guadagno gementi rispetto ad un settore occupazionale eterogeneo. Con un'eccezione rimanere Questo differenze di genere Anche Dopo considerazione IL la struttura occupazionale, l'origine e le caratteristiche di coppia sono relativamente invariate (M1-M3 nella Figura 2.4). Solo per il modello a reddito singolo sarà il differenza di genere minore; a partire dal modello che turelle

Caratteristiche considerate.

Per quanto riguarda IL *struttura occupazionale caratteristiche* mostrato si da un lato, che rispetto agli accordi eterogenei a doppio reddito del settore professionale in la laurea più vecchia e più giovane coorti la probabilità di conoscenza le donne per essere l'unico capofamiglia nella partnership, solo la metà era grande quanto i loro coetanei (Figura 2.5). D'altra parte, le femmine solventi nella coorte più giovane hanno il doppio delle probabilità di farlo UN regime di reddito unico per colpa di uno Proprio non occupazione rispettivamente. A questo proposito, i laureati differiscono venten della coorte più anziana difficilmente gli uni dagli altri. Questi risultati contraddiconol'aspettativa di una crescente somiglianza nelle partnership del laureati più giovani, perché nel confronto di coorte il La differenza di genere nel modello monoreddito è diminuita solo leggermente è aumentato ed è addirittura aumentato nel caso del modello monoreddito. solo fuori lich del settore professionale scientifico o non scientifico Partner c'è un chiaro riavvicinamento: mentre uomini e Donne IL minore coorte con più simile probabilità conoscenza-pratiche a doppio reddito omogenee o eterogenee nella comunità dieci, questo non era il caso nella coorte più anziana. Rispetto a uno disposizione eterogenea del campo professionale erano scienziati del più vecchio coorte tre volte più probabile rispetto ai loro coetanei una coppia di scienziati.

Per quanto riguarda le differenze tra le discipline, è stato dimostrato che socialrispetto ai colleghi specialisti (più del doppio pelt so) aveva un alto rischio di un accordo monoreddito a causa di a condurre la propria non occupazione. Scienza maschile e femminile scienziato distinto si Tuttavia non l'uno dall'altro. IL parente Probabilità delle donne rispetto agli uomini nel tecnico le scienze non possono essere calcolate, perché sebbene il 18% delle tecniche scienziati, Ma nessuno del loro maschio colleghi Questo ver

---

17 La probabilità di un modello monoreddito rispetto al campo occupazionale eterogeneo un accordo a doppio reddito era del 24% per le scienziate (rispetto al 10% per le scienziate scienziati).

Figura 2.5: Probabilità relativa delle donne rispetto agli uomini per single, lavoratore singolo e scientifico modello senschaftomogeneo prima del dottorato in base a caratteristiche selezionate (riferimento: occupazionalemodello eterogeneo)

Fonte: documentazione "Insieme Carriera Fare"; Proprio calcoli

Accordi di entanglement nel corso della coppia

modello intrecciato. [18] L'aspettativa che tecnica e naturale lavoratori dato del loro nel Confronto A uomini peggio opportunità del mercato del lavoro una maggiore probabilità di reddito (indesiderato). modelli di guadagno possono quindi essere confermati solo per i primi. Una possibile spiegazione per la maggiore probabilità di scienziati sociali erano, Quello Esso In IL Scienze sociali nel Confronto A IL altri discipline uno più precario professionale situazione ivi, ad es. B. per quanto riguarda il tasso di disoccupazione ei limiti temporali di occupazione pigro (cfr. Diaz-Bone/Glöckner/Küffer 2004). Anche se in questa disciplina le donne plin subiscono meno svantaggi rispetto alle donne tipicamente maschili discipline (cfr. il capitolo 1 di questo libro), sono ancora minacciate più alto rischio di essere disoccupato rispetto ai loro coetanei. riepilogo Le aspettative in merito alle caratteristiche strutturali dell'occupazione potrebbero essere trasmesse nessuno dei due pienamente confermato ancora confutato diventare.

Contrariamente alle aspettative di una crescente somiglianza nel file i modelli di intreccio esistevano per gli scienziati anche la coorte di laureati più giovani diverse probabilità, Accordi monoreddito o monoreddito in una fase precedente della carriera rispettivamente. La crescente apertura del campo professionale della scienza - sul livelli di carriera più bassi – per le donne, invece, significava giovani scienziate scienziati uomini e donne con la stessa probabilità disposizione a doppio reddito nel Stesso campo professionale praticato.

Anche per quanto riguarda l'influenza delle *caratteristiche di provenienza,* i risultati non ambivalente. Per quanto riguarda la probabilità di un singolo o modello monoreddito rispetto a un doppio eterogeneo del campo occupazionale disposizione degli utili è, come previsto, la differenza tra la Germania occidentale cal uomini e donne più grandi. Gli uomini della Germania occidentale erano con loro uno quasi due volte più alto probabilità COME suo colleghe donne IL unico percettore, mentre le donne della Germania occidentale, a differenza delle loro posto UN Doppio COSÌ alto rischio per UN regime di reddito unico avevo. Le differenze tra uomini e donne della Germania dell'Est erano gene minimo. IL aspettativa Quello IL occupazione IL Proprio Madre ha aumentato la probabilità di modelli a doppio reddito, tuttavia non essere confermato. Che l'occupazione della propria madre non lo è ha reso più probabile che le scienziate sarebbero state le sole capofamiglia In campo occupazionale eterogeneo Partnership con doppio reddito vissuto contrario- non parla dell'aspettativa di una socializzazione più "egualitaria" (perché in entrambi le donne cercano un lavoro). Tuttavia sembra maschio scienziato non nello stesso Anche Scope ne trae vantaggio avere: Perché anche rispetto ai loro colleghi maschi con non- impiegato Madre avevo Lei uno qualcosa più alto Probabilità, IL

---

18 Ciò nonostante È IL rischio uno come disposizioni per scienziati In IL tech ingegneria inferiore COME In IL Scienze sociali.

essere l'unico percettore. A causa di questa è la differenza di genere tra scienziati con madri lavoratrici maggiore che tra quelli le cui madri non erano occupate. Inoltre era il separato fra Questo scienziati E scienziati al Schema monoreddito più ampio rispetto a quelli con una madre inattiva- ter. In questo caso, però, la probabilità era più alta sia per le donne che per uomini con madri che lavorano anche leggermente meno che per loro Gambe con madri non lavoratrici. L'aspettativa di un favorevole ing influenza per accordi a doppio reddito a causa di un "egualitarismo". ren" la socializzazione da parte di una madre che lavora può quindi essere solo tuttavia, non può essere confermato inequivocabilmente per gli uomini. Questo potrebbe sottolinea che per gli accordi di intreccio nei partenariati piuttosto da Senso È, se le madri delle donne (scienziate o le compagne) erano impiegate, e meno quello delle madri degli uomini (scienziato o partner) fatto Avere.

Per quanto riguarda le *caratteristiche di coppia* , la costellazione dell'età ha un peso significativo stessa influenza, soprattutto per i modelli monoreddito. La più grande differenza esisteva tra scienziati della stessa età partnership genetiche. Rispetto a un accordo professionalmente eterogeneo mento, c'era una maggiore probabilità di uomini con un vantaggio di età probabilità per IL unico modello capofamiglia COME A tuo Colleghi con partner della stessa età, ma lo stesso valeva anche per i (pochi) partner femminili con partner più giovani, in modo che per questo gruppo di differenza era molto bassa. Dal momento che le donne, tuttavia, molto meno spesso degli uomini aveva un vantaggio di età, [19] può essere parte della differenza di genere in la diffusione del regime monoreddito anche su un composito effetto ionico può essere attribuito. L'aspettativa è anche il Risultati: i (pochi) scienziati con partner più anziani erano con noi meno probabile rispetto ai loro colleghi con altre costellazioni di età zione unico percettore. Tuttavia durata per scienziati con partner più anziani una probabilità ancora più bassa, quindi per questo costellazione la differenza di genere rimane. Questi risultati confermano che i modelli a doppio reddito (qui eterogenei nei campi occupazionali) tendono a essere presenti sono possibili collaborazioni atipiche per età; cioè dove le donne (Partner O scienziati) più vecchio di quanto lo siano i loro mariti. Ma come suggerisce già il termine "atipico", tale (benefico) Costellazioni di età molto rare. Per uomini e donne, invece, il L'aspettativa non può essere confermata che, soprattutto, gli scienziati in colleghi partnership con minore probabilità conoscenza- albero-omogeneo COME campo occupazionale eterogeneo modello a doppio reddito realizzato

---

[19] In media, gli scienziati avevano circa un anno in più e le donne due anni più giovani dei loro partner (Hess/Rusconi/Solga 2011a: 76). Solo il 7% degli scienziati correre vs. 53% del loro Colleghi avevo UN vantaggio dell'età da almeno uno Anno.

Accordi di entanglement nel corso della coppia

dieci. [20] Una possibile spiegazione per questa scoperta sarebbe che in questo inizio altra fase professionale, il far fronte contestualmente ad analoghe esigenze professionali era ancora facile da organizzare o altrettanto buono come in diversi campi professionali. Tuttavia interpretare IL Risultati Anche quindi, Quello ILquestione fondamentale nelle unioni della stessa età è se due a tutti Il lavoro retribuito è (può essere) realizzato. Perché soprattutto con i maschi Gli scienziati con un partner della stessa età è la probabilità per UN regime di reddito unico comparativamente alto. UN intreccio modello, che in queste coppie della stessa età non è spiegare il ritardato ingresso del partner nel mercato del lavoro a causa dell'età ma piuttosto alle difficoltà di far fronte allo stesso tempo requisiti professionali indica.

Infine, vanno menzionati i bambini. Il fatto che maschio Gli scienziati hanno il doppio delle probabilità rispetto ai loro coetanei A unico percettore erano, sospeso non – almeno non A Questo tempo

– con la presenza di bambini. Anche uomini senza figli avevano maggiori probabilità di essere gli unici a guadagnare rispetto a loro colleghi senza figli. Inoltre, non c'era differenza tra scienziati con e senza figli. [21] D'altra parte, per le madri in Due volte più probabile che i padri siano d'accordo disposizione dei servi per colpa di IL Proprio non occupazione A guidare, mentre gli scienziati senza figli sono solo qui poco diversi l'uno dall'altro. Questa probabilità più alta o quella Il rischio più elevato delle madri rispetto ai padri non è, tuttavia , su di esso attribuito al fatto che le madri hanno maggiori probabilità di guadagnare nermuster rispetto ai colleghi senza figli. Erano i padri che rispetto ai loro colleghi senza figli, sostanzialmente inferiore probabilità di non essere essi stessi occupati. Per maschio Gli scienziati troviamo così una prima indicazione che i padri di sociale aspettativa di conseguenza il Famiglia Attraverso uno Proprio occupazione sicura. Per le donne – scienziate e partner Tuttavia, fattori diversi dai bambini sembrano svolgere un ruolo per uno non occupazione A giocare.

In sintesi, si può affermare che scienziati e scienziati scienziati tipico di genere opportunità per particolare intreccio

---

20 Per scienziati maschi e femmine, la probabilità è uno scientificamente omogeneo accordi a doppio reddito nel Confronto A uno professionale- eterogeneità di campo più bassa tra i soggetti più giovani dei loro partner. IL la più piccola differenza di genere era tra scienziati uomini e donne A con più giovane per trovare partner.

21 Non a caso, questo valeva anche per le donne. Rispetto ad un settore professionale eterogeneo accordo a doppio reddito era la probabilità di un accordo a reddito singolo zioni per scienziate con e senza figli ca. 20% (contro circa il 40% per il loro maschio chen Colleghi).

modelli di sviluppo nella fase di dottorato. Soprattutto per quanto riguarda la diffusione di accordi monoreddito rispetto a quelli professionali il modello a doppio reddito eterogeneo sul campo è l'aspettativa di un aumento IL somiglianza da scienziati E scienziati chiaramente confutato stato. Soltanto per quanto riguarda Di campo professionale IL Partner trovato un'approssimazione avviene nel caso di coppie a doppio reddito. Puoi anche trovare Suggerimenti SU disciplina E specifico di genere rischi SU al mercato del lavoro, vale a dire soprattutto per quanto riguarda le restrizioni all'occupazione attività di scienziati sociali e tecnici. Suona anche il contesto sociale e familiare di origine giocano un ruolo significativo. Prima soprattutto le donne (qui scienziati) hanno beneficiato della socializzazione da una madre lavoratrice nel senso di "attaccarsi" ad a lavoro e in un modello a doppio reddito. Finalmente mostra i risultati mostrano che gli accordi a doppio reddito hanno maggiori probabilità di essere in partenariati sono possibili in cui le donne (partner o scienziate A) sono più grandi dei loro mariti.

Ma fino a che punto sono gli schemi di intreccio di questi Vedere Presto fase della carriera lungo termine da Senso, cioè per IL intreccio disposizioni dopo la laurea?

2.4.4 *Qualunque cosa al vecchio O diventare IL carte rimescolato?*

Come prima del dottorato, le scoperte di dissezioni multivariate mostrano che, in contrasto con il campo relativo alla parola, i ricercatori del piano di gioco dei due lavoratori eterogenei con minore probabilità come i suoi partner che erano gli unici fornitori dell'organizzazione. Poi di nuovo, hanno vissuto con me una probabilità due volte più alta in un'organizzazione logicamente omogenea. La Figura 2.6 mostra le probabilità per i ricercatori dell'informazione che si basano sul piano dell'intreccio del dottorato, un soggetto sperimentalmente omogeneo o unico, di avere un posto con il design dei lavoratori dopo la laurea. Il riferimento è come nell'area passata quell'esempio eterogeneo di campo relativo alla parola.

Nonostante le qualità legate alla costruzione, all'inizio e alla corrispondenza delle parole così come la connessione con uno dei sei esempi prima del dottorato si consideri (Figura 2.6), si può benissimo vedere che i Ricercatori che hanno le opportunità di probabilità più elevate per un modello di lavoratore solitario in contrasto con un piano di qualità dell'eterogeneità legato alla parola, erano quelli che erano stati istituiti a quel punto prima che il dottorato provasse questo piano di gioco di unione. Le distinzioni tra le persone in questa riunione sono comunque nette: i ricercatori, che erano gli unici lavoratori nella fase di dottorato, sono rimasti dopo il movimento con più volte la probabilità con questa unione come ricercatori.

Accordi di entanglement nel corso della coppia

Figura 2.6: Probabilità di uomini e donne per la suola modello a doppio reddito omogeneo in termini di dipendenti e accademici dopo il dottorato secondo l'interdipendenza prescelta terna della fase di dottorato (riferimento: ambito lavorativo eterogeneo Modello)

2.5 L'interdipendenza degli scienziati nelstoria famigliare

Come discusso nella seconda sezione, anche gli eventi familiari possono portare a un "cambiamento di interdipendenza". Per esaminare come le coppie dopo la nascita del loro primo figlio, un diverso accordo matrimoniale per praticare le loro attività, è prima necessario comprendere i modelli nel due anni Prima IL nascita Di Primo corporeo bambino corto rappresentare in giro COSÌ un paragone con IL disposizioni successive permettere.

L'analisi dell'interdipendenza delle traiettorie occupazionali della scienza i genitori e i loro partner prima della nascita del primo figlio ne mostrano quattro modello (non mostrato). Circa il 40% degli scienziati e degli scienziati le donne vivevano in un regime di doppio reddito eterogeneo dal punto di vista occupazionale mente. Differenze di genere significative si riscontrano nella distribuzione da scientificamente omogeneo E Accordi per un lavoratore singolo: ex erano chiaramente più spesso A scienziati (32% vs. 18% nel uomini), quest'ultimo tra gli scienziati uomini (33% vs. 13% per le donne). Per il 10% degli scienziati e il 14% degli scienziati lavoratori era IL intreccio Attraverso interruzioni IL Conoscenza- attività imprenditoriale, sia essa dovuta ad attività lavorativa subordinata il partner fuori dall'ordinamento scientifico o disoccupato capacità dello scienziato. Essenzialmente, quindi, le interrelazioni modello Prima IL genitorialità quelli In IL Fase di dottorato molto simile

–   tra l'altro, perché la maggior parte degli scienziati solo dopo il dottorato sono diventati genitori (cfr. capitolo 3 in questo libro; Hess/Rusconi/ Solga 2011).

La Figura 2.7 mostra che oltre a scientificamente omogeneo e ruffelheterogeneen modelli a doppio reddito (Modello 1 E 2) E al regime di reddito unico (Modello 3) In IL sei anni Dopo IL nascita

---

Questo significa, quello, come nel Sezione 2.4.3 stabilito, NO Modello di reddito singolo dovuto al non occupazione IL scienziati Dopo IL promozione A Trovare È. del primo figlio c'era un'ulteriore disposizione dell'intreccio che a causa di una pausa relativamente lunga nella carriera accademica caratterizzato dall'essere inattivo (9%, modello n. 4 nelle figure 2.7). [24] Inoltre, tutti i modelli per il periodo successivo al bambino desbirth più spesso fasi con uno altri combinazione IL attività SU. Un confronto tra modelli di entanglement prima e dopo la nascita primo figlio mette in chiaro, *in primo luogo* , che la diffusione del doppio guadagno coppia Dopo IL nascita RIMOSSO ha; vale a dire da 72% SU 53% – E Questo se stesso Poi, Se accanto a IL Entrambi scientificamente omogeneo E
-eterogeneo doppio reddito Anche IL azioni a doppio percettore IL ge gruppo misto. *In secondo luogo,* maschio che e scienziate dopo la genitorialità chiaramente nel loro Accordi: Quattro volte più maschi che scienziate erano unico percettore (40 contro 7%). D'altra parte, quasi un quinto di Scienziate (17%), ma solo due scienziate stesse disoccupato. Tuttavia, poco più della metà degli scienziati nen così come il 40% degli scienziati lo erano anche dopo la nascita del primo bambino parte di uno coppia con doppio reddito. Ne risultò la nascita di un bambino COSÌ non inevitabilmente A più a lungo interruzioni di carriera IL Donne (né per i partner né per gli scienziati). il su la conservazione legale della disposizione a doppio reddito si trova - come l'analisi mostrerà nel capitolo 3 di questo libro – nei processi di negoziazione in Paio oltre al supporto esterno.

Un confronto tra i modelli di entanglement prima e dopo la nascita del primo ted bambino a livello individuale mostra anche che la metà della conoscenza che, prima della nascita del loro primo figlio, potrebbe aver avuto un intreccio, anche questo in seguito praticato (54% degli scienziati e 58% degli scienziati). Tuttavia, mentre il 15% delle donne in questo gruppo continua il proprio lavoro per a periodo più lungo, questo non era il caso di nessun uomo. Tuttavia quasi un quinto degli scienziati e una sola donna ner.

22

Uno qualcosa più alto stabilità IL modello di intreccio avevo Conoscenza-lavoratori In Prima campo occupazionale eterogeneo Partnership: 66% IL Gli uomini e il 63% delle donne hanno continuato questo schema di intreccio. Ma anche in questo gruppo, quasi un quinto degli uomini e nessuna delle donne lo è diventato Unico lavoratore, mentre il 9% delle donne e un solo uomo dopo il parto del bambino il loro impiego interrotto.

---

24 Esiste anche una fase mista per la fase successiva alla nascita del primo figlio gruppo (20%; modello n. 5) in cui non c'è entanglement dominante ma alternato accordi e molti casi (censurati), vale a dire dove l'intervista prima del sesto Compleanno Di bambino ha avuto luogo.

Accordi di entanglement nel corso della coppia

il primo figlio Schemi intrecciati, invece, quegli scienziati maschi che lo sono già *prima* IL nascita unico percettore erano (80% vs. 36% IL Donne). Tuttavia Un quarto degli scienziati di questo gruppo ha interrotto il proprio impiego attività durante l'assunzione del partner (27%). Il resto di Dopo la nascita del loro primo figlio, gli scienziati sono passati a socialmente omogeneo e in pochi casi a doppio occupazionalmente eterogeneo accordi di guadagno (18% e 4% rispettivamente).

In sintesi, ciò significa: Sebbene le partnership con doppio reddito soprattutto per le scienziate dopo la nascita del loro primo figlio rappresentano l'accordo di intreccio di maggioranza, ha la genitorialità un significato incisivo e di genere per gli uomini e donne e per l'intreccio delle storie lavorative nelle relazioni di coppia gene. Questo famiglia Evento conduce Dritto A scienziati E i loro partner a maggiori cambiamenti rispetto all'evento professionale di Promozione. La ragione principale di ciò è la persistenza del genere più tipico modello di ruolo, IL Anche A accademico educato uomini E

le donne sono comuni. Quanto segue esaminerà quali proprietà degli scienziati e dei loro partner per perseguire a pessimi accordi monoreddito o monoreddito tipici dopo la nascita Di Primo bambino spiegare Potere E in quale modo prima intreccio gli accordi influiscono in seguito.

Le analisi multivariate mostrano che gli scienziati - anche dopo considerazione della struttura occupazionale, dell'origine e delle caratteristiche di coppia - con dieci volte più probabile rispetto ai loro coetanei dopo la nascita del primo figlio sono gli unici capifamiglia per un periodo di tempo più lungo. scienza scienziati interrotto Tuttavia suo Proprio occupazione conDoppio una probabilità così alta come i loro colleghi. 25

Come Anche per IL modello di intreccio nel storia professionale mostrato divenne, non c'è riavvicinamento tra scienziati maschi e femmine della coorte di laureati più giovani. Al contrario: dentro uguale a un doppio (scientificamente omogeneo o - eterogeneo). disposizione dei servi ha dato Esso A IL laureati IL minore coorte anche una maggiore probabilità per single o single tipici di genere Modello monoreddito rispetto ai laureati che si sono laureati prima del 1990 aveva acquisito. Per quanto riguarda le discipline, la conoscenza nessuna differenza, mentre maschio tecnico e naturale scienziati più probabilmente degli scienziati sociali in Partnership per reddito singolo vissuto. In sintesi Potere per IL si registrano caratteristiche *strutturali occupazionali* che tipiche di genere Modelli di entanglement dopo la nascita dei bambini in misura maggiore giovani laureati e scienziati di sesso maschile in tale denominate discipline a predominanza maschile (tecnologia e scienze naturali dieci) sono stati praticati.

Per quanto riguarda le *caratteristiche di origine* , si può affermare che come previsto Accordi per un lavoratore singolo dopo la nascita del primo figlio con reddito più alto (quasi il doppio) probabilità tra gli scienziati della Germania occidentale rispetto a potrebbero essere trovati con i loro colleghi della Germania dell'Est. Le differenze tra Scienziate della Germania occidentale e orientale in termini di modello di reddito unico erano Tuttavia significativo inferiore. NO degno di nota differenze si trovano, d'altra parte, tra scienziati le cui madri durante del loro infanzia prepotentemente impiegato erano, E quelli di chi madri erano per lo più casalinghe. Ciò significa che un tradizionale la divisione del lavoro nella famiglia di origine riduce la probabilità essere assunto (cfr. sezione 2.4.3), ma se questo Donne impiegato Sono, Poi posto Lei Dopo IL nascita Di Primo bambino

---

25 Per motivi di spazio, i modelli stimati (probabilità lineare) per l'entanglement modello di sviluppo dopo la nascita del primo figlio non mostrato. Sei con l'autore SU Inchiesta disponibile.

Accordi di entanglement nel corso della coppia

suo occupazione proprio come pochi al disposizione Come suo colleghe donne dalle famiglie di origine con una divisione del lavoro più egualitaria.

Per quanto riguarda la *costellazione di età* nella partnership, a diversa influenza sui modelli di intreccio del maschio e femmina Scienziato. maschio scienziato con atipico Costellazione dell'età (cioè in cui il partner o lo scienziato più vecchio era) praticato Dopo IL nascita Di Primo bambino con più grande Probabilità di un accordo unico per capofamiglia tipico di genere che suo Colleghi con altri costellazioni di età. Tuttavia distinto scienziate che erano più anziane dei loro partner per quanto riguarda il loro Probabilità per gli accordi per un lavoratore singolo non dai loro coetanei con una tipica costellazione di età o quelli della stessa età. Per la famiglia la fase successiva alla nascita del primo figlio non può essere confermata, Quello IL probabilità da accordi a doppio reddito A invecchiatole coppie atipiche è più alto. Tutti questi risultati indicano un significativo Modelli di ruolo di genere persistenti dopo la nascita dei bambini Là.

Per quanto riguarda l'importanza dei precedenti modelli di interdipendenza, le prove trovato una chiara stabilità del modello di entanglement (Figura 2.8). IL più alto probabilità per UN disposizione per un solo percettore

Figura 2.8: Probabilità negli uomini e nelle donne per single e Modello di reddito singolo dopo la nascita del primo figlio dopo modelli di intreccio selezionati prima della nascita (rif renz: accademicamente omogeneo e professionalmente eterogeneo Modello)

unico percettore Dopo parto   monoreddito   Dopo parto

2.6 Conclusione

In questo capitolo, gli intrecci delle storie occupazionali in coppie di accademici e le loro dinamiche. Essenzialmente esiste- quattro modelli di entanglement: due modelli in cui entrambi i partner sono attivi (settore occupazionale eterogeneo e scientificamente omogeneo doppi guadagni nerarrangements), e due modelli in cui solo uno dei due partner ha un impiego retribuito (ricercatore o partner). Tuttavia, la diffusione di questo modello di intreccio è chen professionale E fasi familiari così come fra scienziati E Scienziate "disegualmente" distribuite.

Partnership con doppio reddito Mettere per scienziati IL rappresentano la maggior parte dei modelli di interdipendenza in tutte le fasi professionali e familiari, mentre tra i loro colleghi maschi sono un po' meno frequenti e secondo nascita del primo figlio erano alla pari con il modello single breadwinner. Anche per colpa di nostro popolazione di studio – scientifico dipendenti

–   la (temporanea) inattività degli scienziati era relativa raramente, ma in due fasi della vita, soprattutto nelle scienziate A A Trovare: In IL Fase di dottorato E Dopo IL nascita Di Primo bambino

Accordi di entanglement nel corso della coppia

des. L'unico impiego dello scienziato, d'altra parte, è arrivato tutte le fasi, ma era più comune negli scienziati maschi nel Fase di dottorato E Prima qualunque cosa Dopo IL nascita Di Primo bambino A. InIn tutte le fasi professionali e familiari vi sono state quindi opportunità tipiche di genere per certi modelli di interdipendenza così come per i cambiamenti nell'interdipendenza zione dopo il dottorato o la nascita del primo figlio.

Va sottolineato che questa distribuzione tipica di genere dei modelli a reddito singolo, singolo e doppio *non è* un modello "obsoleto" Fenomeno che principalmente gli scienziati delle coorti di laureati più anziani. Proprio l'aspettativa di un riparare somiglianza fra scienziati E scienziati IL minore coorte di laurea Potevo non confermato diventare. Abbastanza nel Opposto: Sia per la fase dottorale che per la fase successiva nascita Di Primo bambino ha dato Esso A IL laureati IL minore Coorte anche una maggiore probabilità per il sesso specifico Praticare modelli single-breadwinner. I risultati per il gli scienziati maschi suggeriscono che le condizioni per il doppio pelverinnerarrangiamenti deteriorato Avere. aumentato Requisiti agli scienziati - come una maggiore rilevanza professionale del terzo raccolta fondi, pubblicazioni In parlando inglese riviste (Vedere. Sgranocchiare 2006) E soggiorni all'estero – legati insieme con uno ulteriore Precarietà della facoltà media scientifica (cfr. Gülker 2010). da un lato il rischio di un modello monoreddito (ad es ing interruzioni di carriera) aumento, d'altra parte Ma Anche IL uno modello monoreddito quando si tenta di far fronte all'inattività il partner l'uso flessibile sotto costante dimostrazione delle conoscenze schafters permettere.

A questo proposito, va anche sottolineato che Gli accordi genetici a doppio reddito sono relativamente rischiosi o instabili Sono. Ciò è particolarmente vero nelle collaborazioni di scienziati maschi determinare. Dopo il dottorato degli scienziati con uno Prima scientificamente omogeneo modello a doppio reddito era uno non occupazione a lungo termine con i partner degli scienziati Doppio COSÌ probabilmente Come A IL partner IL scienziati.A più recente trovato Piuttosto UN Cambio di occupazione come non occupazione invece di. dato nostro popolazione di studio, In IL soltanto Sotto

IL I partner possono essere trovati persone che hanno lasciato la scienza, È di quella uscire Quello IL Qui presentata Risultati IL Uscita delle donne nella scienza addirittura sottovalutare.

Tuttavia, i risultati mostrano anche una chiara stabilità delle interdipendenze modelli di sviluppo nelle fasi professionale e familiare. Dopo il promo zione e dopo la nascita del primo figlio (occupazionale eterogeneo O. scientificamente omogeneo) modello a doppio reddito Prima qualunque cosa A quelli per trovare coppie che hanno già tali schemi di intreccio nelle fasi Prima. I "punti" per l'intreccio delle storie occupazionali in Quindi le partnership sono state stabilite all'inizio della carriera. questo si applica ma anche per gli scienziati maschi e i loro partner da soli modello di guadagno: avevano anche un'alta probabilità che continuano questo modello nelle fasi successive della vita. D'altra parte tendono ad adottare il modello monoreddito tra gli scienziati e i loro partner sistemazione temporanea 26 –

Finalmente È a sottolineare Quello Partnership con doppio reddito sono molto comuni e tra gli scienziati anche dopo la nascita del primo figlio rappresentano il modello maggioritario di interdipendenza. tuttavia è un mito che le coppie accademiche di solito abbiano un doppio reddito. Anche tra le scienziate – un gruppo positivamente selezionato – mostra interruzioni a lungo termine (!). Il fenomeno è ancora di più sottovalutato quando si considerano le disposizioni dei loro colleghi maschi o dei soci dei colleghi considerati. Ciò significa la promozione di razione delle donne nella scienza ha bisogno di un netto miglioramento IL condizioni generali per coppie con doppio reddito, E Questo Già In prima fasi di carriera (promozionale e postdoc), così come per uno Ritorno al lavoro in generale e alla scienza speciale.

26 Dal momento che le donne (e gli uomini) che fanno scienza a causa della loro stessa disoccupazione ness ma non vivono in una partnership con uno scienziato, non sono inclusi nel nostro campione, la diffusione del nerpatterns sottovalutato.

3. Carriera con un bambino nella scienza - Rivendicazione egualitaria e realtà tradizionale delle modalità di cura della famiglia riuscito Donne E i loro partner

3.1 Bambino barriera di carriera?

"Oh, signora Neubert, si occupa ancora di scienze? Ne hai due ora Bambini." (Professore, tre bambini)
La scienza rappresenta un campo professionale in cui le donne con bambini le posizioni di comando sono rare. Solo ogni terzo al quinto professore sorin, ma più di un professore su due ha uno o più figli (cfr. Lind 2008; Metz-Göckel/Selent/Schuermann   2010).   In collegamento con IL Chiedere Dopo opportunità di carriera da alto qualificato Donne diventa ILAvere figli è ancora "l'ostacolo numero uno alla carriera" discusso. In questo capitolo vogliamo approfondire specificamente la questione di quale influenza dei bambini sullo sviluppo della carriera delle donne nella scienza Avere.

Le università e i college sono un campo di attività in cui quelli successo per coloro che basano tutta la loro vita sulla scienza e ricerca (cfr. Engler 2001). Una carriera scientifica Rif È In IL Regola con uno alto personale Missione così come lungo orario di lavoro e lunghe fasi di qualificazione (cfr. Beaufays 2005). Le caratteristiche classiche dell'attività professionale come Gli scienziati corrispondono a quelli sotto molti aspetti altre professioni accademiche con aree di responsabilità autonome e compiti di gestione: disponibilità di tempo elevata e flessibile requisiti di abilità (A IL giorno, settimanalmente E orario di lavoro annuale) così come elevate esigenze di mobilità geografica. Aggiunto a quello una carriera scientifica per un lungo periodo di tempo NO sicuro prospettiva occupazionale offerte. Tuttavia è uno leggera tendenza svolta percepibile della ben nota immagine di scienziate senza figli: IL Porzione dottorato di ricerca Donne con bambini E dottorato di ricerca Donne senza

I bambini in posizioni di leadership sono gli stessi dentro e fuori dal mondo accademico alto (cfr. Schubert/Engelage 2010), e professoresse con figli una famiglia più giovane rispetto ai loro colleghi più anziani (cfr. Zimmer/Krimmer/Stallmann 2007). Uno sguardo più attento alle donne che stanno perseguendo una carriera scientifica con un bambino dimostra di esserlo spesso non hanno il numero desiderato di figli perché nascono alla nascita parecchi Bambini negativo conseguenze per suo carriere scientifiche anticipare. Anche tesoro scienziati suo professionale Futuro piuttosto pessimista, sebbene siano fondamentali per la loro professione concessione E in questo uno attraente prospettiva di carriera Vedere (Vedere. Lind 2008). In generale, le donne altamente qualificate con famiglia devono metà della scienza con svantaggi in termini di mobilità professionale e accettare la relativa perdita di reddito (cfr. bert/Engelage 2010).

Gli svantaggi di carriera delle donne nella scienza descritti quituttavia, non tornare a fondare una famiglia in sé, ma al con IL assistenza all'infanzia imparentato professionale Restrizioni, Come diversi mesi di interruzioni di carriera, orario di lavoro ridotto, inferiore Tempi di presenza o limitazione della mobilità spaziale, come quelli nuovi risultati della ricerca spettacolo (Vedere. Metz-Göckel/Selent/Schuermann 2010). Soprattutto nel primo anno di vita, ma anche dopo, scientifico La maggior parte delle donne impara la principale responsabilità di prendersi cura dei propri figli (cfr. Hess/Rusconi/Solga 2011a). Le loro controparti maschili hanno più spesso Partner, IL Non o soltanto occupazione limitata Sono, affinché più spesso "la schiena è tenuta libera" per le loro carriere (cfr. Hess/ Russoni 2010). Le scienziate condividono informazioni solo in rari casi tuo partner IL doveri di cura Già nel Primo età Di bambino (quasi) allo stesso modo. Un'esclusiva assistenza all'infanzia attraverso il partner spesso non arriva né per le donne né per gli uomini stessa in considerazione. [1] Le scienziate sono quindi – come altre (impiegate) ge) Anche le donne – con specifiche aspettative sociali di coraggio affrontato. Le "chiamate alla maternità", cioè la società scientifico aspettativa A Donne In moderno aziende, accanto a IL lavoro retribuito per dimostrarsi madre (cfr. Correll 2010), in contrasto con l'attenzione forte e completa su zione delle carriere professionali (cfr. Reichart/Chesley/Moen 2007).

Finora si sa poco su come le scienziate senza carriera curva suo carriere con bambini Continua Potere. IL testimoniale

---

1 analisi mostrato Quello incluso Spesso stereotipi normativo aspettative A genitorialità In pubblicato, e se i partner lavorano come scienziati, La scienza costruita dai suoi partner come professione con flessibilità spazio-temporale che, a differenza di altri rapporti di lavoro, si basa su liberamente selezionabili ore lavorative IL Cura da bambini consente (Vedere. Hess/Rusconi 2010).

Carriera con un bambino nella scienza

te molti scienziati con bambini) spettacolo, Quello Questo qualunque cosa altro come una cosa ovvia (cfr. Biller-Andorno et al. 2005). quanto alto anche le donne qualificate proseguono la loro carriera con i bambini, a volte in condizioni molto modi diversi – mostra lo studio di Walther e Schaeffer-Hegel (2007) per le carriere non accademiche. Generalmente Scoprono che le donne altamente qualificate tendono a crescere i propri figli arrivare più tardi nella vita, con la scelta del tempismo no segue uno schema coerente e non esiste un momento ideale nel tempo potrebbe essere determinato soggettivamente o oggettivamente. Tuttavia, gli autori possono identificare alcuni dei fattori di successo che rendono possibile una carriera professionale con i bambini chen. Da un lato, questo è il comportamento delle donne, che si riflette nel emulazione più chiaro Obiettivi, IL aprire accedere per IL Proprio Interessi E caratterizzano la resilienza a volte elevata. D'altra parte, confermano autori Quello IL diretto rientro Dopo il congedo di maternità O dopo un'interruzione di massimo sei mesi e la possibilità capacità al flessibile Lavoro più economico è per IL professionale Successo da Donne come interruzioni di carriera a lungo termine o lavori part-time gen. Tuttavia, solo le donne possono essere continuamente e pienamente impiegate avere la certezza che i loro figli saranno curati (ad alto livello) è garantito. Secondo Walter e Scheffer-Hegel, questo di solito imposta a Combinazione di assistenza all'infanzia pubblica o aziendale con servizi aggiuntivi lich Privato finanziato assistenza all'infanzia in anticipo. Non scorso dimostrare si l'appoggio del partner "di elementare importanza per l' riuscita conciliazione tra figli e carriera" (Walther/Schaeffer- Hegel 2007: 19). Partner che condividono l'assistenza all'infanzia con le loro mogli condividere, sostenere le carriere delle loro mogli non solo praticamente, ma anche immateriali e rappresentano un rafforzamento morale per gli scienziati dar.

In che misura questi risultati influenzano le carriere delle scienziate? sono trasferibili non è stata ancora adeguatamente studiata. Iniziamo solo a sapere come si sviluppano le carriere delle donne con famiglia nella scienza (cfr. Capitoli 2 e 5 di questo libro). Ciò che rimane poco chiaro è quale partnership i processi di negoziazione sono alla base dell'assistenza all'infanzia realizzata nascondono e in che misura influenzano le carriere degli scienziati influenzare le grondaie. Entrambi sono oggetto di questo articolo. Stavamo andando assumere che per le donne e gli uomini occupati altamente qualificati che vivere in coppia nella stessa casa e avere figli, convenzionale tutte *le considerazioni di costo-beneficio economico familiare* (cfr. Becker 1991) soltanto molto limitato all'usura Venire. Hanno una specializzazione il partner è meno (meno) attraente a causa di un'attività lucrativa *o di lavori domestici* gli elevati investimenti formativi di entrambi i partner o questa specializzazione diventa ad es. B. anche non applicabile a causa di minori differenze di reddito si sforza. Contemporaneamente Proprio altro economico spiegazioni Come IL *modello di negoziazione delle risorse* (cfr. Ott 2001) un certo potere esplicativo per la divisione della custodia dei bambini, a condizione che le aspettative sociali geni e standard sono inclusi. Questo approccio prende il relativo potere contrattuale fra IL partner Prima IL mettere su famiglia COME punto di partenza per decidere come deve essere l'assistenza all'infanzia tra i due soci. Partendo da questa base basato IL il processo decisionale SU razionale considerazioni IL Compagno. Agiscono anche in previsione delle future opportunità e condizioni del mercato del lavoro offerte di lavoro concrete la cui interruzione di carriera sia meno grave ha un effetto negativo sul ritorno al lavoro (cfr. Pfahl/Reuyß 2009). Le aspettative di superiori e colleghi giocano sicuramente un ruolo qui un ruolo importante. Il fatto che tende ad essere altamente qualificato Le donne e non i loro partner prendono il congedo parentale, allora si può spiegare con questo che le coppie dovrebbero essere incoraggiate o autorizzate a fondare una famiglia Attraverso IL Datore di lavoro per Donne E Uomini diverso valutare. Decidono quindi nonostante investimenti altrettanto elevati nell'istruzione che la donna usufruisca del congedo parentale. Questo processo decisionale da un lato per l'età spesso più giovane della donna (rispetto a direttamente al suo partner) e il suo cardio quindi non così avanzato dall'altro a causa dei processi di segregazione sul mercato del lavoro le donne hanno maggiori probabilità di lavorare in posti di lavoro con minori opportunità di avanzamento offerta (cfr. Rusconi/Solga 2008).

Con riferimento agli approcci di genere, la disuguaglianza di genere deve unità, che si generano e si riproducono nelle azioni delle coppie, ma Anche SU culturale credenze IL partecipanti, Come ad esempio B. cambiato ideali dell'amore romantico (cfr. Herma 2009). Pertanto, le decisioni sul corso della vita sempre più orientate alla carriera menti di donne con partner altamente qualificati e redditizi comprensibile (Vedere. Gildemeister/Robert 2008). Fuori da Questo prospettiva diventa la percentuale crescente di uomini che devono prendersi cura dei propri figli i regali prendere il controllo e limitare il loro orario di lavoro comprensibile.

Le caratteristiche centrali di una carriera accademica, come l'alto elettività, un basso livello di prevedibilità e un alto livello di insicurezza professionale conseguimento della cattedra, suggeriscono quel *rischioso eccesso biografico come mettere* su famiglia in un momento successivo nel corso della vita o l'avanzamento di carriera può essere posticipato. Raggiungendo un solido posizione e il conseguente consolidamento della scientifica Se sei in ritardo, creare una famiglia potrebbe essere meno rischioso per te ulteriore progressione di carriera. Dal punto di vista del corso della vita, sembra per le opportunità di carriera per le donne nella scienza sono quindi più favorevoli se il passaggio alla genitorialità nel carriera fatto dopo.

3.2 Domanda _ E metodo

Sullo sfondo di queste considerazioni e dei risultati del In termini di ricerca, questo articolo affronta due domande di ricerca: Primo diventa esaminato, per quali strategie scienziati con bambino/i sviluppare il perseguimento delle loro carriere e quali accordi di mentoring menti (con i loro partner) possono essere trovati quando si crea una famiglia. A- Infine, viene esaminato ciò che influenza le soluzioni dell'assistenza all'infanzia ung sulle opportunità di carriera delle scienziate. Nell'ambito di Questo Il focus di questo articolo è sulle differenze tra la conoscenza donne con e senza carriera. Con questo approccio possiamo Scienziate ai livelli di carriera al di sotto della cattedra nel nostro ri includere analisi e risultati che in precedenza solo per i professori di sesso femminile modelli, complemento. Condizioni di successo per la realizzazione della famiglia e le carriere scientifiche per le donne possono quindi essere più appropriate spettacolo.

una *famiglia* significa la *nascita del primo figlio* IL. Tuttavia, includiamo anche i bambini non biologici nati nel viveva nella stessa casa. Fondare una famiglia è quindi un momento importante Ges evento biografico, perché con la nascita del primo figlio per i genitori agli impegni professionali e privati già esistenti, nuovi aggiungere attività che richiedono tempo. In contrasto con questo, riassumiamo il Nascita(i) di tutti gli altri figli come estensione della famiglia, ma solo noi secondario tenere in considerazione Potere. Perché scienziati E suo I partner concordano le strategie e l'organizzazione dei bambini cura differenziare, sviluppare diverso benefico (O. svantaggiose) condizioni di realizzazione per la loro carriera dopo la famiglia fondazione.

Nelle nostre analisi, il *concetto di carriera è utilizzato nel suo significato formale* zione usata nella scienza: definiamo che una persona è a ha una carriera se completa il dottorato entro sei anni e la metà di 16 anni ha completato la sua abilitazione e un adeguato occupa una posizione professionale. Nelle scienze tecniche, in cui si realizzano meno frequentemente, l'assunzione di incarichi gestionali essere utilizzato come criterio equivalente per una carriera (cfr. capitolo 1 in questo Un libro).

Per *strategia* intendiamo il modo in cui gli individui persecuzione da scopo E Desiderio atto. strategie Proprio uno dimensione normativa che può essere ricostruita quando i partner esprimono la loro cal e idee sul lavoro retribuito e la genitorialità. Partiamo dal presupposto che le strategie implicano l'agire in contesti diversi testi e quindi indirizzata anche agli scienziati insensibile E sociale aspettative Essere E processi. Strategicamente atto
significa agire intenzionalmente verso un obiettivo, ma non in modo ristretto agire in modo calcolatore. Ciò significa che gli attori non agiscono con strumenti mentalmente verso un solo obiettivo parziale e possono quindi sviluppare le proprie strategie Anche "soccombere". [2] A tal punto Proprio IL strategie IL coppie in riferimento a del loro professionale Sviluppo così come IL associazione E Famiglia UN rafforzare influenza su il disegno vero e proprio di assistenza all'infanzia.

Nell'organizzare l'assistenza all'infanzia, distinguiamo *tra le coppie Accordi di assistenza* dai *servizi di assistenza forniti da terzi* . ex significa la divisione della responsabilità per i compiti di cura tra i partner e l'attuazione di queste responsabilità nella vita quotidiana. prendilo torniamo alle tipizzazioni ideali delle modalità di cura: In uno *accordo di cura tradizionale,* la donna assume il ruolo principale responsabilità per l'assistenza all'infanzia. In un *tradizionale inverso len cura disposizione* è l'uomo. In modo *egualitario indumento* diviso si Entrambi compagno IL doveri di cura pari cortesemente. IL Entrambi Primo posto COSÌ In demarcazione all'egualitario gli accordi di cura rappresentano gli accordi gerarchici di coppia (cfr. Rusconi/ Solga 2008). Supporto di terze parti significa l'uso del pubblico Strutture di cura, badanti o il coinvolgimento delle persone dalle reti private all'assistenza all'infanzia. Entrambi gli aspetti, la coppia l'organizzazione dell'assistenza interna e l'assistenza esterna lavorano insieme, dall'esternalizzazione del lavoro di cura da parte di una o entrambe le parti meglio organizzato deve diventare.

Per la nostra analisi vengono utilizzati metodi quantitativi e qualitativi cestinato. Nel *Primo Fare un passo* diventa UN corto panoramica a proposito dato, Chi degli scienziati nei partenariati accademici una famiglia stabilisce quando ciò avviene abitualmente e quanti figli nascono. La popolazione di studio per questa e le altre analisi quantitative lisi consiste fuori da IL interrogato scienziati (persone bersaglio) con figli biologici o che hanno vissuto nella stessa economia domestica dalla nascita Appena vissuto. Questo E Tutto seguente descrittivo valutazioni divenne ponderato in termini di discipline e livelli di carriera, in modo che la disciplina piano sempre lo stesso spesso sono rappresentati.

Nella *seconda fase* , ci concentriamo sulle strategie di supporto del scienziati e i loro partner. La base di questa valutazione 17 interviste incentrate sui problemi con scienziate costituiscono il passo successivo con il/i bambino/i e undici interviste centrate sui problemi con i loro partner. Tutto Qui mostrato casi Avere per il tempo di colloquio almeno UN personale

2   Sono anche concepibili casi limite di azione, che con
    Weber (1992 [1919]) come affettiva si può descrivere
    un'azione attiva o tradizionale. Nell'azione tradizionale
    non riconoscere più un orientamento verso i propri
    obiettivi; cioè il sociale Obbligo prevale.

Carriera con un figlio nella scienza

bambino ches. [3] Le interviste sono state condotte utilizzando il metodo strutturato per processo dieci confronto tematico valutato (Vedere. scherzo 2000). IL Testimoniare ILGli intervistati su singole aree tematiche e la progettazione dei bambini disposizioni di cura divenne contenuto analitico registrato (Vedere. Mayring 2000), poi condensati in tutti i casi e messi in contrasto tra loro. In scorciatoia con IL quantitativo distribuzione IL diverso Vengono discusse le modalità di sostegno per gli scienziati ei loro partner esploriamo l'importanza di questi accordi per le carriere professionali dalle donne. Nelle rappresentazioni con prospettiva in sezione longitudinale si fa riferimento concentrarsi principalmente su tre punti nel tempo o periodi di tempo: il primo anno del bambino, il suo secondo e terzo anno di vita e il suo quarto a sesto anno di vita. Il focus delle nostre considerazioni è su abbinato da scienziate con e senza successo professionale *all'Inter-visualizzare il tempo* . A proposito fuori tenere in considerazione Noi Anche IL maschio Scienziati, poiché questi servono come punto di riferimento per il contesto dell'alto scuola importante Sono.

Nella *terza* fase, utilizziamo metodi multivariati per verificare quali fluire IL disposizioni di cura per IL Primo bambino su di essa Proprio, Se soprattutto le donne nei vari momenti dopo la famiglia fondate secondo specifiche oggettive hanno carriere nella scienza o no. A seguito delle considerazioni longitudinali nelle descrizioni l'analisi viene effettuata con modelli di regressione per dati panel, indagare gli effetti dei vari fattori di influenza nel tempo chen. [4]

3   Secondo la definizione di carriera (vedi sopra), 13 di queste donne hanno a carriera aziendale. Dopo aver messo su famiglia, queste donne erano in grado di farlo continuare con successo la loro carriera (vale a dire un anno, tre e sei anni dopo la famiglia fondazione *e* al momento del colloquio) o avevano almeno sei anni dopo il Mettere su famiglia o avere successo nella scienza al momento del colloquio. Altri quattro Le donne senza carriera sono utilizzate come casi di confronto; dopo aver avuto una famiglia, loro istituzione E Fino a per il tempo di colloquio continuo NO Carriera.

4   Per questo usiamo modelli di effetti casuali logistici. In esso, il termine di errore in diviso in due componenti. Un componente è un termine di errore costante nel tempo tra varia tra le unità di studio. Mostra la deviazione media di a persona alla media campionaria A. IL secondo componente È UN termine di errore, IL sia tra le unità di indagine che tra i tempi di osservazione punto varia. IL È IL vero errore di misurazione (Vedere. Rabe-Hesketh/Skrondal 2005). Le variabili d'influenza costanti nel tempo possono essere prese in considerazione anche con modelli a effetti casuali. geni che sono rilevanti nelle nostre analisi. Ciò include ad esempio B. la costellazione dell'età in partenariato o lo stato lavorativo del partner prima di iniziare una famiglia come a finalizzazione IL posizione negoziale O IL appartenente A uno gruppo tematico.

3.3 Carriere scientifiche di donne in collaborazionecon bambino

"Se IO La mattina in giro otto Qui Sono, Poi Sono IO uno e mezzo Ore lungo IL Soltanto, e quando partirò alle cinque, ci sarà un commento." (Juniorpro- fessorino, un bambino)

3.3.1 Chi ha Bambini, Quando E Come molti?

La tabella 3.1 fornisce una panoramica di alcuni indicatori demografici Formazione familiare degli scienziati, a cui faremo riferimento di seguito per il Parte relazionare. Per IL azioni A Genitori Sotto scienziati nel complesso, il nostro campione mostra lo stesso della ricerca precedente Immagine familiare: le scienziate ne avevano meno al momento dell'intervista bambini rispetto ai loro colleghi maschi. Professori donne in particolare (61%) hanno un numero significativamente inferiore di figli rispetto ai professori (85%), [5] mentre il differenze tra i sessi ai livelli di carriera al di sotto del Cattedra meno pronunciata Sono.

scienziati con Famiglia Avere al più comune due Bambini (46%). Tuttavia Avere scienziati più spesso COME suo maschio Colleghi solo un bambino. Questa differenza è di nuovo con i professori particolarmente sorprendente: mentre il 41% delle madri tra le professoresse solo una avere un figlio, questo vale solo per il 21% dei padri tra i professori. Per le donne è la realizzazione del successo familiare *e* professionale, in particolare sei in una posizione di vertice nella scienza, cioè più difficile che per gli uomini ner.

scienziati Sono A IL mettere su famiglia nel Media qualcosa minore COME suo maschio Colleghi (30.7 O. 32 Anni). QuestoLa differenza di età corrisponde all'incirca a quella delle persone altamente qualificate in generale media (29,3 o 31 anni; Centro federale per l'educazione sanitaria zione 2005: 7). L'età media degli accademici in Aka- demikerpartnerships, d'altra parte, è leggermente più alto che in generale per le donne e uomini laureati. Per studiare l'influenza di mettere su famiglia SU IL opportunità di carriera, tuttavia, è istruttivo cher, non quello età, ma quello tempistica del legati alla creazione di una famiglia SU

---

5 In altri studi, le professoresse hanno ancora meno figli (cfr. Zimmer/Krimmer/ Stallmann 2007). Questa discrepanza potrebbe essere correlata a quella di noi i professori intervistati sono in media relativamente giovani e le generazioni più giovani hanno figli più spesso di quelle più grandi (cfr. anche Metz-Göckel/Selent/ Schuermann 2010). Uno ulteriore Spiegazione per IL alto percentuale di professoresse donne con bambino(i) può essere nella maggiore disponibilità a rispondere a causa di una maggiore interesse al Tema Di progetto.

per esaminare il titolo di studio e la progressione di carriera. Incluso si può dire che la metà degli scienziati ha il primo figlio nati prima della laurea e l'altra metà dopo la laurea divenne. Per una parte non trascurabile degli scienziati, il Nascita del primo figlio anche prima del primo titolo accademico (11%). Tuttavia, ci sono differenze nei tempi di creazione di una famiglia A seconda del livello di carriera: Per professori e postdoc (da tre anni dopo il dottorato), mettere su famiglia era più frequente nel periodo successivo al PhD (60%), mentre dottorandi e assegnisti (fino a tre anni dopo il dottorato) era piuttosto prima del dottorato (82%). Questo sub La differenza è dovuta all'interazione di due aspetti: primo decine, le carriere nella scienza nascono attraverso processi di selezione che gli scienziati meno avanzati devono ancora fare in piedi. In secondo luogo, la suddetta tempistica precedente del genitore lancia A agli scienziati più giovani.

Il passaggio alla genitorialità non è casuale per gli scienziati, ma soprattutto un affare altamente pianificato. Il netto aumento la maggior parte degli scienziati (72%) ha dichiarato che il punto nel tempo per il era prevista la nascita del loro primo figlio. Tuttavia, la professione è al zione Questo privato Decisione non In ogni caso A Primo Lavoro. Professione: le considerazioni tecniche hanno avuto un ruolo qui solo per il 23% degli scienziati un ruolo importante o molto importante.

Andando oltre la consueta differenziazione in base ai livelli di carriera e guarda le donne con e senza successo nella scienza Al momento dell'intervista, risulta che le donne di successo hanno ancora meno probabilità di avere figli (44%) rispetto al gruppo delle professoresse. Da queste madri con Il successo professionale quasi la metà ha un solo figlio (48%) e l'hanno trovato Nella maggior parte dei casi, le loro famiglie hanno lasciato la propria famiglia solo dopo aver conseguito il dottorato (55%). Per il La situazione familiare cambia per le donne che non hanno successo nella scienza significativamente diverso. Una percentuale sorprendentemente più alta di loro ha figli (83%), E IL madri senza successo professionale Avere meno comune soltanto UN bambino (26%), cioè di solito hanno due o più figli. Questi scienziati anche iniziato le loro famiglie più spesso già prima il dottorato (59%).

Le differenze nella situazione familiare tra donne con e senza Il successo nella scienza non può essere spiegato dal fatto che meno riuscito scienziati A intenzioni di carriera mancante ed *è per questo che* hanno figli più spesso. Perché si scopre che il pro- le scienziate con figli promosse significativamente più spesso con determinazione vogliono rimanere nel mondo accademico rispetto a quelli senza figli (rispettivamente 77 e 63%). Quelli *con figli* hanno molte meno probabilità di perseguire con successo una carriera rispetto a quelli *senza figli* (51 e 82% rispettivamente). Inoltre, può essere osservato che le scienziate con successo professionale accelerano la creazione di una famiglia rär o differire completamente. Limitano il numero di figli che hanno o lo rimandano iniziare la loro famiglia. Perché per le scienziate con un dottorato mostra che i precedenti senza figli ma di successo tra loro nel plurale loro desiderio di avere figli Ancora non si sono resi conto (80%), Ma soltanto una proporzione da centro commerciale si non vuole figli (20%).

3.3.2 *(NO più corretto Tempo?*

Lo dimostrano anche le interpretazioni soggettive degli scienziati la carriera scientifica è percepita come un percorso professionale che sono impediti da interruzioni familiari o da orari di lavoro ridotti Sono. Tutte le scienziate intervistate con figli riferiscono di Preoccupazioni sul "momento giusto" per mettere su famiglia. IL coniato coscienza per negativo Seguire nel Professione E IL Paura Prima uno

Le "battute di carriera" dopo aver creato una famiglia spingono molte donne a farlo se stesso IL Responsabilità per IL Avere successo del loro carriere attribuire. La pretesa delle donne di essere responsabili della propria carriera atto porta gli scienziati a cercare di partorire pianificare i propri figli in modo preciso e spesso in un secondo momento, in modo professionale più patibile tempo rimandare. UN meno pianificazione Atto nel contesto IL pianificazione famigliare diventa da IL intervistati COME "irresponsabile"percepito.

IL centrale motivazione per IL tregua IL mettere su famiglia È il desiderio di finire prima (almeno) il dottorato, che è centrale ler passo di carriera IL scientifico carriera percepito diventa (vedere Sezione 3.1). [6] La prospettiva di un lavoro ragionevolmente sicuro lich Prospettiva, IL In IL Scienza Primo A uno relativamente raggiunto in un momento tardivo è considerato un ulteriore motivo per scientifico consigliato di aspettare prima di mettere su famiglia. Oltre al proprio professionista Anche andare avanti e la sicurezza finanziaria è importante per molti Donne importante nella corsa alla creazione di una famiglia, con i loro partner che possono vivere *e* lavorare nello stesso posto. Sta vivendo insieme sullo stesso non è possibile in un posto senza scendere a (importanti) compromessi professionali, c'è una maggioranza di entrambi un rinvio del desiderio di avere figli e/o una rinuncia ai figli. Diventa molto chiaro che il discussione sul "momento giusto" per la nascita, un alto livello emotivo fardello per gli scienziati (più che per i loro partner ner). Cercano, per così dire, di colmare il divario tra differenti logiche istituzionali operanti della carriera professionale e della famiglia collegare. L'assurdità di questa famiglia di pianificazione razionale disegnato eventi riflette si non soltanto In IL Paura Prima professionale svantaggi, ma anche dentro la paura per genitorialità impedita contrario.

Sullo sfondo dei risultati quantitativi e qualitativi che insieme SU IL enorme le difficoltà indicare con quelli Conoscenza-lavoratori in giro in giro IL mettere su famiglia affrontato Sono, giudice Noi In IL seguente tre sezioni IL Visualizzazione SU IL scienziati e i loro partner: quali sono le strategie che gli scienziati stanno cercando di utilizzare? e dei propri conviventi i requisiti professionali e familiari previsti dall'art rendere giustizia all'avvio di una famiglia?

3.3.3 Se non Lei, Poi Lui? strategie di cura da Donne

"Non gli è mai stato chiesto, 'Amico, come stai? E come se la cava? Anche Ancora scienziato E Ora Madre. IO divenne una volta In IL Settimana chiesto: Come lo affronta? Amico, può sopportarlo? Ha già il ritiro apparizioni?" (Scientifico dipendente, un figlio)
IL Scopo, con al IL scienziati E suo compagno In IL sono coinvolti nella cura dei bambini nel primo anno di vita, lascia tre diversi strategie delle scienziate per riconciliare i bambini e riconoscere la carriera.

---

6 come alternativa diventa da Alcuni Donne Anche chiamato, Bambini possibile Presto, cioè H. Prima Diploma Di studio ottenere.

Il *primo gruppo* comprende scienziate che non hanno un egalitario condivisione dei propri partner nella cura dei bambini nel primo anno di vita aspettarsi e non pretenderli affatto o solo in misura molto limitata. IL strategia Questo Donne segni si molto di piu attraverso questo, Quello Lei IL persecuzione del loro professionale Obiettivi A fare il backup tentativo, in quale Lei IL prendersi cura del proprio figlio da soli – e senza il sostegno dei propri partner – rilevare. soprattutto presa Lei incluso SU IL Supporto da terzo vale a dire strutture per l'infanzia, assistenti all'infanzia e/o trasformato, ritorno. IL suola rilevare IL responsabilità primaria IL L'assistenza all'infanzia è giustificata da argomenti biologici, come questo L'allattamento al seno come motivo obbligatorio per la presenza della donna, o con i social condizioni e valori economici, particolarmente importanti per le donne delle coorti più anziane non può essere messa in discussione nella loro normatività (potrebbe dieci). Questo è Prendere si IL scienziati di fronte tuo partner in campo professionale alla pari, per la vita familiare la differenza c'è Tuttavia, la differenza tra donne e uomini è costitutiva. Anche con la conoscenza lavoratori Questo Gruppo, IL minore coorti appartenere, è applicabile IL principale responsabile rilevare IL assistenza all'infanzia COME uno se stesso- fermezza. Ciò nonostante differenziare si IL interpretazioni IL Donne ILcoorti più anziane e più giovani: le donne delle coorti più anziane *potrebbero* (in retrospettiva) a causa del quadro sociale non diverso dall'assumersi la responsabilità principale di prendersi cura dei bambini uomini, e in questo modo cercavano di evitare conflitti con i loro partner che non si sentivano in dovere di prendersi cura dei propri figli in. Le donne delle coorti più giovani, invece, non *vorrebbero* diversamente. Lei affermare che è il loro esplicito desiderio, i bambini comuni principalmente se stesso A prendersi cura di. In particolar modo nel Primo età Di bambino accettare hanno limitato il coinvolgimento dei loro partner nella cura dei bambini Saggia e rifiuta le offerte dei loro partner per prendere parte all'assistenza all'infanzia partecipare, per il parte fuori.

La strategia di supporto degli scienziati di questa prima mano gruppo è costituito da, all'interno del genere tradizionale divisione del lavoro nel assistenza all'infanzia Dopo soluzioni cercare quale perseguire la loro carriera professionale dopo aver messo su famiglia permettere. Utilizzando sofisticate strategie di cura e il supporto terze parti, queste scienziate assicurano il loro avanzamento professionale uomini. Solo quando le idee normative (di prendersi cura del bambino dai propri genitori, cioè in particolare le madri) domanda in Trovare modi per organizzare la vita familiare di tutti i giorni e allo stesso tempo la propria vita professionale Le ambizioni sono ridotte, sono le carriere delle scienziate per il Parte in via di estinzione. [7] è sorprendente, che il diversa legittimità per IL

7   Lo dimostra il confronto con donne che non hanno (più)
    avuto una carriera dopo aver messo su famiglia. Avere.
    Per Questo scienziati senza professionale Successo
    mostrato si, Quello IL realistico
    fornitura principale IL Bambini Attraverso IL Donne in
    particolare A Conoscenza-le scienziate si trovano nelle
    scienze tecniche e naturali (a orientamenti di carriera
    vedi cap 4 dentro Questo Un libro).
      Per gli scienziati del *secondo* e *del terzo gruppo,* il
    Sostenere il partner in modo discorsivo gioca un ruolo
    importante nel far fronte requisiti familiari e
    professionali dopo aver creato una famiglia. IL La
    questione dell'assistenza all'infanzia occupa molto
    spazio con queste donne comunicazione con il partner.
    Si tratta di prendersi cura della famiglia non permettere
    che si sviluppi alcuna "asimmetria" nella partnership.
    Condividere il lavoro di tutoraggio è importante per
    questi scienziati aspetto importante della simmetria
    desiderata nella relazione di coppia. Normativo la parità
    di genere non viene discussa qui solo nella vita
    lavorativa, Piuttosto Anche nel la vita familiare uscì.
    Uno egalitario famiglia divisione del lavoro diventa In
    Relazione SU IL professionale Sviluppo IL Donne così
    come nell'importanza per la partnership e la relazione
    padre figlio considerato importante. Il punto centrale è
    che l'assistenza all'infanzia è indipendente da ogni
    conoscenza le lavoratrici sono generalmente percepite
    come un ostacolo professionale e IL lavoro retribuito A
    molti COME "IL meno estenuante" è applicabile. IL
    aspettativa di uguaglianza Questo scienziati dirige di
    conseguenza in alto IL rapporto personale *di entrambi* i
    partner con il loro bambino e l'un l'altro.
    Tuttavia, un'analisi precisa mostra che la strategia
    riguarda la partecipazione dei loro partner
    nell'assistenza all'infanzia il loro status professionale e

familiare Per garantire lo stesso dopo aver creato una famiglia, per lo scientifico il secondo gruppo nel primo anno di vita del bambino solo in misura molto limitata sorge. In effetti, le donne si assumono più responsabilità assistenziali delle loro Compagno. Il supporto dei partner per l'assistenza all'infanzia può essere descritto come più simbolico Contributo caratterizzare, Come ad esempio B. IL rilevare da due "mesi del padre" o intervenire in caso di "emergenza". Nonostante l'ineguale distribuzione del congedo parentale o della riduzione dell'orario di lavoro, paritetica aspettative di salute A IL compagno discorsivo mantenere. IL Conoscenza- gli scienziati sviluppano una varietà di strategie di legittimazione al fine di gene Missione del loro compagno E IL discrepanza fra IL formulato aspettative E IL genere tipico divisione del lavoro nel famiglia zona da giustificare. Oltre agli argomenti biologici, come quelli sono formulati per le donne del primo gruppo, sostengono le donne questo gruppo inoltre con la diversa logica del campo professionale del loro Compagno. IL scientifico Professione è applicabile per colpa di il suo spaziale temporale presumibilmente più flessibile opportunità di lavoro COME l'unico, IL potrebbe conciliarsi meglio con la cura dei bambini, in modo che questi gabe in partenariati in cui il partner al di fuori della scienza è occupato IL scienziati cade a (Vedere. Hesse/Rusconi 2010).

izzazione tradizionale disposizioni di cura A simultaneo riduzione professionale ambizioni per IL professionale Sviluppo da Svantaggio È.

A differenza delle donne del primo gruppo, che non ci provano per coinvolgerli nella cura dei loro figli, riferiscono Scienziati del secondo gruppo di negoziati conflittuali con i loro partner. Il desiderio di uguaglianza con il partner non lo è soltanto nel professionale La zona, Piuttosto Anche In IL Famiglia conduce Inoltre, Quello queste donne organizzano il sostegno di terze parti solo in una fase avanzata, spesso dopo che hanno "dolorosamente" capito che i loro partner non hanno il desiderato assumere la maggior parte dei compiti di cura. Anche se questo significa che le carriere professionali non sono direttamente in pericolo, ma le trattative con questi scienziati costano molto tempo ed energia al partner. Per due-Il primo gruppo è composto principalmente da scienziate naturali e sociali, con è sorprendente che molti dei loro partner siano al di fuori della scienza sono attivi.

Finalmente Potere IL scienziati IL *terzo gruppo* suo Aspettative di uguaglianza nel lavoro *e* nella famiglia con i loro partner in realtà strumento. O entrambi vanno in congedo parentale allo stesso modo, oppure i partner indossare lo stesso dopo un brevissimo congedo parentale delle scienziate Responsabilità per IL Assistenza all'infanzia. È quest'ultimo IL Caso, cioè andare i partner stessi non sono in congedo parentale, riducono l'orario di lavoro per loro assistenza all'infanzia e/o prendere accordi con il datore di lavoro che Esso permettere, Quello Lei Sopra particolare periodi per IL assistenza all'infanzia in grado di lavorare con orari flessibili. Sebbene (dal punto di vista del I datori di lavoro) possono certamente fare la differenza che le donne tendono a fare il congedo parentale e gli uomini hanno maggiori probabilità di trarre vantaggio da modelli di orario di lavoro flessibili uomini, la distribuzione dei compiti di cura è condivisa dalle coppie tavolo percepito. L'uguaglianza percepita con il partner è finita sostiene una cultura aperta della discussione, in cui il perfetto equilibrio tra attività lucrativa e responsabilità familiari *per entrambi* i partner così come le aspettative della società con cui *entrambi* i partner si relazionano della genitorialità. Per il terzo gruppo di scienziate – in contrasto con il secondo gruppo – il Strategia per coinvolgere i loro partner nella cura dei bambini Posizione professionale e familiare uguale anche dopo aver creato una famiglia fare il backup, su. È sorprendente che questo gruppo includa *solo* scienziati sociali donne o scienze naturali "politicizzate" dalla critica scientifica, femministe membri. 8° Inoltre, i partner del scientifico lavorano anche principalmente come scienziati o in posizioni legate alla scienza professioni.

Esiste un *quarto gruppo* con un *modello tradizionale inverso* non nel vero senso. Anche se uno scienziato del Sam- Per favore IL compagno IL Cura Di comune bambino Già nel Primo

---

8 Un'eccezione è uno scienziato tecnologico il cui partner proviene da una famiglia numerosa Famiglia arriva E IL cooperazione ,A IL Famiglia' usato È.

età del bambino principalmente responsabile. Lui stesso insegue NO intenzioni di carriera E dovuto non su un Carriera rinunciare.

Esso divenne chiaramente, Quello strategie di cura non da IL Conoscenza- donne sole, ma insieme ai partner sono "fatte" IL. Nella fase successiva, le aspettative e le strategie di azione del scienziate quindi integrati a quelli dei partner.

3.3.4 *Se non Lui, Poi Lei? strategie di cura da uomini*

"Chi va a prendere nostro figlio? La prima accensione è mia moglie, il secondo stadio sono i grand genitori, e se non funziona niente, lo farò io." (Dipendente in un'azienda Uomo, un bambino)
Complementare A quelli scienziate IL A IL Bambini- le cure non "contano" sui loro partner e su questi compiti all'inizio Esternalizzare a terzi, alcuni partner dimostra che la bassa partecipazione degli uomini nei compiti di assistenza all'infanzia attraverso i propri tradizionali posizioni della divisione sessuale del lavoro (con). Con un chiara focalizzazione sulla propria professione e con la considerazione di assistenza all'infanzia COME "cosa da donne" supporto IL *A assistenza all'infanzia partner disinteressato,* la distribuzione ineguale delle cure parentali A.

La maggior parte dei partner degli scienziati che abbiamo intervistato Tuttavia, preferisce essere coinvolta nell'assistenza all'infanzia insieme alla sua carriera E portare nella vita familiare. [9] Ma ci sono alcuni di questi *Partner interessati all'assistenza all'infanzia* che esprimono il loro interesse per la famiglia Argomenti non in supporto pratico per vari motivi attuare e non partecipare in egual misura all'assistenza all'infanzia. Soprattutto nel primo anno di vita del bambino, nessuno di questi uomini se ne va in congedo parentale o orario di lavoro ridotto. Questo è giustificato sia con gli stessi biologismi delle scienziate, lo spaziale temporale presumibilmente più flessibile opportunità di lavoro del loro partner O con esso, Quello A misurare avvertenze Di Proprio datore di lavoro previsto diventare. Alcuni partner partecipano all'assistenza all'infanzia e al tempi e compiti loro assegnati. Tuttavia, tutte le organizza- satorico

preoccupazioni A IL Donne, IL SU suo Uomini COME risorsa per
"emergenze" Su cui ripiegare.

Altri *uomini interessati al tutoraggio* si sentono attraverso il loro posizione professionale nel suo ruolo di padre e vorrebbe Di più doveri di cura rilevare. Alcuni padri, IL da tuo compagno

---

9 Questo si blocca Anche con esso insieme, Quello per IL qualitativo campione prepotentemente compagno con "atipico", cioè H. dal modello IL di genere divisione del lavoro differire- it disposizioni di cura selezionato divenne (Vedere. Capitolo 1 In Questo Un libro).

le donne che sono state relegate alla posizione di capofamiglia si sentono attraverso l'incarico, in caso di dubbio solo per l'intero reddito familiare dover pagare è un peso. Temono che non ci sarà sufficiente economico poter garantire una sicurezza mista per tutta la famiglia, e desiderano che i loro partner consegnino parte della custodia dei bambini e partecipare di più alla vita lavorativa. Questo desiderio diventa particolare poi intensificato quando lavorano con contratti a tempo determinato e la pressione possibile veloce in una ditta posizione interruttore, al fardello diventa.

Infine, ci sono *partner interessati all'assistenza all'infanzia* che inizialmente figlio usufruisca del congedo parentale o riduca l'orario di lavoro Rif. Questi considerano i compiti relativi all'educazione dei figli come auto- comprensibilità e avere idee egualitarie di una relazione di coppia fame Per questi uomini, prendersi cura dei propri figli rappresenta di per sé un valore che loro, come padri, vogliono contribuire a plasmare. Regola il tuo di conseguenza ore lavorative in seguito fuori da E limite suo professionale disponibilità UN. Ciò è reso possibile dall'orientamento al doppio reddito domestico. Gli uomini intervistati si affidano alle donne per avere a contribuire una parte più o meno uguale del reddito e il L'esistenza della famiglia è così doppiamente assicurata. Il pari Il lavoro retribuito per le donne diventa una garanzia di prosperità e riduce i rischi in la propria biografia professionale. Questi uomini quindi hanno anche di più città e tempo perché subiscono gli svantaggi delle loro stesse interruzioni di carriera meno bisogna temere.

Altri partner vedono le fasi della cura dei bambini come un "time out". proprie attività professionali insoddisfacenti. congedo di maternità per ci sono abituati anche i bambini più grandi (non del primo anno di vita). svolgere attività lavorativa, non registrarsi come disoccupato o prorogare i contratti in essere e quindi programmare i percorsi di carriera. Solo in In un piccolo numero di casi, il desiderio dei partner di partecipazione paritaria impegno per la cura dei bambini nel primo anno di vita del bambino responsabilità primaria per questo. Uno responsabilità primaria IL compagno per IL Assistenza all'infanzia nel senso di un accordo di assistenza tradizionale inverso gements è particolarmente incoraggiato se il partner stesso non lo fa esercita un'attività lucrativa o svolge la propria attività nel luogo di residenza principale della famiglia E il partner al suo posto di lavoro pendolari.

Diventa molto chiaro che creare una famiglia è organizzativo e prestazioni di sintonizzazione emotiva delle coppie basate su diversi che modo riesce ed è padroneggiato. I seguenti sono i descrittivi Risultati delle diverse aspettative di cura, strategie e accordi ampiamente discusso. Particolare attenzione è rivolta al telaio condizioni stabilite entro le quali le coppie optano per determinati accordi gesti decidere.

3.3.5 *E galitaria Reclamo E tramandata la realtà*

La valutazione dei dati quantitativi conferma anche che ai sensi dell'art chiesto Sempre Ancora IL coppie predominare, A quelli IL Cura IL bambini comuni nel primo anno di vita principalmente responsabili delle donne nelle bugie. La figura mostra la divisione del lavoro di cura all'interno della coppia 3.1, Come si IL scienziati con E senza successo professionale per il momento del colloquio sulle diverse cure partenariali intervalli sui periodi di a) primo anno di vita, b) secondo e terzo così come c) Distribuire dal quarto al sesto anno di vita del bambino. [10]

Figura 3.1: Percentuali di modalità di cura all'interno delle coppie per età anno di nascita del primo figlio e carriera al momento del colloquio punto (in%, solo scienziate)

Fonte: documentazione "Insieme Carriera Fare"; Proprio calcoli; ponderato Dichiarazioni

Nel complesso, le modalità di assistenza basate sulla partnership gesti A Entrambi gruppi da scienziati Giusto simile. Fino aall'età di tre anni del primo figlio, il cosiddetto tradizionale nell'arrangiamento. Dalle interviste qualitative alle donne con successo in IL Scienza conoscenza Noi, Quello Alcuni Questo coppie "indesiderato" tradizionale

---

10 Questo periodi divenne scelto, Là Lei Attraverso diverso istituzioni strutturato (ad esempio attraverso le strutture per l'infanzia e la loro disponibilità) e Attraverso legale congedo di maternità.

seguire schemi normali. Da un lato, questo colpisce le donne che Non realizzare (pienamente) il diritto a una divisione egualitaria delle cure perché i partner danno la priorità ad altri obiettivi. D'altra parte, riguarda anche alcuni partner che - a meno che le loro mogli non vogliano più partecipazione - schen – il loro desiderio di un maggiore coinvolgimento nella cura del Bambini non strumento Potere. IL motivi per discrepanze fra desiderio e realtà nell'affrontare il figlio e la carriera con esso SU IL aspettative E strategie di azione così come IL Conoscenza- dipendenti e dei loro partner. Il genere tradizionale La divisione del lavoro nel lavoro di cura non è quindi il solo risultato di "non- volenterosi", uomini che si concentrano esclusivamente sulla vita lavorativa, ma per Parte anche gli scienziati stessi.

coppie, IL Responsabilità per IL Cura IL comune Bambini subentrano insieme fin dall'inizio, vale a dire anche nel primo anno di vita del bambino bambino, Sono Anche Sotto alto qualificato E professionalmente ambizioso Piuttosto atipico per le coppie. Solo in età prescolare esistono disposizioni egualitarie per l'assistenza all'infanzia gementi più comuni. Questo è certamente correlato a che per i bambini di questa età strutture di assistenza pubblica sono significativamente più sviluppati rispetto ai bambini di età inferiore ai tre anni. [11] Nei giovani sempre più coorti di scienziate sembrano essere consapevoli dei contorni di aumento di questo nuovo accordo di partenariato. Queste coppie sono caratterizzate da una buona conoscenza dei discorsi che circondano il Parità di genere e conoscenza delle insidie di Carriere scientifiche per le donne. Sviluppano pratiche che deviare dal modello tradizionale di divisione del lavoro in base al genere. decisione dend è favorevole all'assunzione da parte del partner della cura dei figli adempiere al proprio compito di padre e quindi facilitare le cose ai propri partner per continuare a lavorare. I padri se ne rendono conto da soli in Prendi il congedo parentale o riduci in modo affidabile l'orario di lavoro. è fondamentale Quello Questo compagno i loro figli non solo in situazioni eccezionali prendersi cura di, come quando gli appuntamenti vengono posticipati o i viaggi di lavoro, ma regolarmente nel Cura integrato Sono E per questo in quale caso professionale tamponiaccettare.

L'accordo di cura tradizionale inverso, in cui prevalentemente l'uomo che si assume la responsabilità della custodia dei bambini è sotto Le scienziate non sono molto comuni. Tuttavia, c'è una differenza fra scienziati con E come senza successo professionale in questo,

---

11 Per la relativa divisione dell'assistenza all'infanzia tra i partner, ciò significa che gli accordi egualitari possono derivare dal fatto che ci sono donne en riuscire a sostituire parte dell'assistenza all'infanzia con cure esterne e ridurre il lavoro di cura che essi stessi hanno svolto. Il contributo assoluto degli uomini per curare il lavoro non deve necessariamente cambiare, si sposta lich IL relazione a favore di uno egualitario disposizioni di cura In IL Associazione.

che le donne di maggior successo hanno maggiori probabilità di esserlo gli obblighi librari sono sgravati e possono essere utilizzati per i loro scopi scientifici chen attività la "schiena è tenuta libera".

IL riscontri A IL associazione disposizioni di cura IL Le scienziate sono ora soggette alla situazione dei loro colleghi uomini gene del viso. Per gli uomini di scienza con i bambini lo è modalità di cura tradizionale nella partnership per la maggior parte di loro, e non solo nel primo anno dopo aver messo su famiglia istruzione, ma fino all'età prescolare del bambino (senza dato: 81% in primo anno di vita, il 69% dal secondo anno di vita). gli scienziati hanno anche accordi molto più comuni costantemente tradizionali al assistenza all'infanzia rispetto alle loro coetanee (rispettivamente 55 e 36%). Quindi qui stanno indossando partner degli scienziati la preoccupazione principale per il comune Stesso ragazzino, per quanto riguarda le carriere di ha un effetto calmante sugli uomini.

IL Valutazione IL qualitativo interviste ha mostrato, Quello Dritto Scienziate con soluzioni di accordi di supporto tradizionali al di fuori della loro partnership e dipendono da essa per farlo per non perdere i contatti: con l'aiuto di asili esterni attraverso istituzioni, ragazze alla pari o parenti riescono a figli e riconciliare le carriere. Queste donne sono estremamente flessibili; Lei organizzare il proprio lavoro in base all'orario e al lavoro dell'assistenza all'infanzia Anche durante lei congedo di maternità A articoli o lavoro di qualificazione.

L'importanza del tutoraggio di terze parti nell'organizzazione dei bambini La cura si riflette anche nelle analisi quantitative. Figura 3.2 illustra la distribuzione delle scienziate con e senza successo al momento del colloquio sulle varie combinazioni possibili possibilità di cure esterne per il primo figlio. Analogo al Nel caso di cura di coppia interna, la descrizione si riferisce allo stesso periodi. [12]

Nelle collaborazioni di scienziate con successo professionale IL Già nel *Primo età* Di bambino maggioranza Terzo In IL Cure incluse: il più delle volte accedono esclusivamente a quelle private persone ritorno (35%). UN non irrilevante Porzione IL coppie Potrebbe tuttavia, sia da parte degli enti di assistenza pubblica che da parte loro Combinazione con uso privato (insieme 41%). 15% di Le donne che hanno avuto successo nella scienza hanno utilizzato le strutture per l'infanzia nel primo anno di vita del bambino tutto il giorno o più di sette ore quotidiano.

---

12 La categoria "solo struttura di cura" comprende sia le istituzioni pubbliche che anche soluzioni mediate dal mercato come ad esempio B. Childminders insieme. La categoria "solo pri- padre Persone" include IL regolare inclusione un altro membro della famiglia E da Amici, Ma Anche babysitter O altro Persone.

Con crescente Vecchio Di bambino relazionare (Fino a SU casi eccezionali) quasi tutte queste coppie utilizzano opzioni esterne per prendersi cura del loro primo figlio UN. Per *le madri con successo professionale,* l'assistenza da parte di terzi è una combinazione delle strutture di cura e dei privati è di particolare importanza zione. Già dal secondo e terzo anno il bambino usa il 51%, all'età prescolare del bambino, il 64% delle scienziate ne ha uno Combinazione. Nel complesso, la percentuale di scienziate che suo bambino Tempo pieno o più dagli asili nido, del 47% im Bambino piccolo- al 60% Im età prescolare
Le donne che non hanno successo nella scienza si riferiscono a molto simili Incaricare terzi di prendersi cura del proprio figlio, come donne con figli e successo professionale. Questo somiglianza bugie in particolare nel Primo età Prima. differenze spettacolo si Ma lontano al secondo E terzo età del bambino. Da quel momento in poi, le donne senza successo professionale si rivolgono molto più frequentemente infine alle strutture di cura e più raramente alla combinazione soluzione rispetto alle madri con successo professionale. Inoltre, le madri se ne vanno senza Successo professionale il loro primo figlio più spesso a tempo pieno o più a lungo dall'assistenza all'infanzia strutture rispetto alle madri con successo professionale (non mostrato: 22% e 15% nel primo anno di vita, 59%

e 47% nel secondo e terzo anno Età, 71% O. 60% nel età prescolare). Questo significa Tuttavia, che questi scienziati sono più preoccupati per gli orari di apertura del rispetto ai loro colleghi, che devono concentrarsi anche su quelli privati (può) ricorrere ai caregiver. Potrebbe essere un indizio essere che le scienziate senza successo di carriera nelle loro possibilità La capacità di utilizzare in modo flessibile le soluzioni di assistenza esterna, soprattutto, è limitata sono - sia per mancanza di offerte, finanziarie o risorse sociali.

In definitiva, lo è anche la necessità della soluzione combinata connessione con IL modelli di cura entro IL partnership. Perché le scienziate con figli si alzano in piedi solo nei casi più rari compagno al Pagina, IL IL principale assistenza all'infanzia prende il sopravvento. Là ma la fornitura di assistenza nel settore pubblico insieme al l'onere dell'assistenza all'interno della partnership è insufficiente, gli scienziati devono farlo attraverso soluzioni private dell'esterno cura supplementare.

A differenza delle scienziate, in collaborazione con scienziati nelle diverse fasce di età dei bambini più spesso "rinuncia" alla cura di terzi (nessun dato: 47% nel primo anno di vita, il 24% nel secondo e terzo anno di vita, il 3% in età scolastica). È anche evidente che tra gli scienziati l'esclusivo l'uso comune delle strutture aumenta più della combinazione di strutture E privato persone al assistenza all'infanzia (57% O. 39% età prescolare) – simile alle donne senza successo professionale. Tutto- Tuttavia, il loro primo figlio visita molto meno spesso tutto il giorno o più a lungo di loro ben ore al giorno una struttura di cura (non mostrato: 8% in primo anno di vita, il 31% nel secondo e terzo anno di vita, il 43% in età scolastica). Cioè, con gli scienziati non sono loro stessi, ma principalmente i loro partner, che si prendono cura dei bambini Prendere.

Per capire perché sono cambiati anche i modelli

tradizionali di divisione del lavoro tra donne e uomini altamente qualificati dopo aver messo su famiglia riprodurre, è importante guardare anche al contesto in cui che le coppie agiscono. Nell'introduzione,

si è fatto riferimento al sistema scientifico , che sottolinea in gran parte il modello dell'unico capofamiglia maschile. mette. Le coppie che organizzano l'assistenza all'infanzia in modo egualitario resistono in una certa misura le aspettative prevalenti. Per le donne, questo significa gran parte dei compiti di cura contro le riserve sociali ben ai loro partner (o terzi), e per gli uomini per conoscere il avvertenze del loro (maschio) Colleghi E superiori sovrascrivere vale a dire prendersi più dei due mesi "simbolici" di congedo di paternità o lavorare part-time. In cambio, l'azione di coppie che non possono realizzare le loro aspettative di uguaglianza, come aggiustamento prestazione A IL prevalente strutture visto diventare. Come Noi mostrato Avere, Potere così come IL donne così come quelle maschili siate voi stessi a forzare questo adattamento; a seconda di quale lavoro pegno e ambiente sociale si muovono.

Dalle interviste è emerso che i contesti lavorativi in cui il il lavoro degli scienziati e dei loro partner è fondamentale per sviluppare strategie che vadano oltre una tradizionale divisione del lavoro basata sul genere esci. Nelle interpretazioni degli scienziati si ripetono ha nominato alcuni fattori chiave che, indipendentemente dalla partnership Arrangiamento: contribuisci al successo del tuo sviluppo professionale con un bambino gen. Oltre alla possibilità di orari di lavoro progettati individualmente e orari di presenza flessibili, il ritmo e la durata degli spostamenti sen tra luogo di residenza e luogo di lavoro, questi sono anche gli atteggiamenti del datori di lavoro, Colleghe donne E mentori. contesti lavorativi, Inin cui si riflettono i ruoli di genere, in cui i colleghi con sono impegnati con lo stesso argomento e fungono da modelli di ruolo più forte soluzioni assistenziali uguali.

Nell'analisi qualitativa si è anche notato che la cura egualitaria accordi di ing si trovano tipicamente tra le scienziate sociali erano, mentre nelle altre discipline, soprattutto nel tecnico scienza, sono piuttosto atipici. Ciò si riflette anche nel quantitativo Dati. Un totale del 36% delle scienziate ha praticato comune un accordo tradizionale nelle loro collaborazioni (nessuna foto zione): nelle scienze tecniche e naturali, le donne con il card Il successo criminale è più spesso la responsabilità principale per il loro bambino che quelli senza successo professionale (46% e 24% rispettivamente), ma i primi lo usano un po' più di assistenza esterna rispetto a quest'ultima (rispettivamente 82% e 71%). Nel sociale scienza, invece, il rapporto è invertito. Ecco la donna-accordi tradizionali con successo e in modo coerente rispetto ai loro colleghi donne senza successo (29% e 45% rispettivamente). Una possibile spiegazione del perché È meno probabile che le tecnologhe abbiano aspettative egualitarie nei confronti dei loro partner formulare, potrebbe tornare al predominio dei colleghi di lavoro maschi essere guidati. Dal momento che spesso hanno partner che hanno la loro "schiena". per professionale Mantieni i requisiti liberi", si può presumere che quello Tema assistenza all'infanzia al Posto di lavoro in totale meno presente È. Anche le donne nelle professioni tecniche hanno figli con loro senza i propri Riservato di fronte tuo competenze A battaglia (Vedere. Konekamp 2007). L'unica assunzione di compiti di assistenza all'infanzia potrebbe SU mirare aggiuntivo riconoscimento per questo A vincita, IL loro nel dominato dal maschio campo professionale trattenuto diventa. Ma Anche per Uomini questi contesti lavorativi rappresentano ostacoli ai loro desideri dopo il congedo parentale o la riduzione dell'orario di lavoro.

Perché la maggior parte dei loro coetanei e superiori è impiegato a tempo pieno, non è così nemmeno per gli uomini leggero, richieste di supporto di fronte tuo datori di lavoro E Le colleghe impongono. Per gli scienziati e i loro partner, rappresenta a Sollievo significativo quando i loro superiori hanno a che fare Richieste di flessibilità per quanto riguarda l'orario di lavoro e il luogo di lavoro mostrare e pianificare in modo completo appuntamenti ed eventi sul Gli obblighi dei genitori sono rispettati. Per poterlo fare non ha permesso loro di connettersi a reti di lavoro e professionali perdere, dal punto di vista di molti scienziati è anche importante Giusto, Mentre IL congedo parentale il contattare per tuo superiori Presa A e in alcuni casi continuano a lavorare durante il congedo parentale. Nel Le interpretazioni degli scienziati hanno ripetutamente mostrato come questo Motivazione ad andare a lavorare il prima possibile dopo la nascita del bambino il rendimento è aumentato.

Nonostante i risultati piuttosto deludenti sulla divisione del lavoro di genere Ci sono segnali di cambiamento tra gli scienziati ei loro partner che i modelli tradizionali si stanno lentamente sgretolando. Nell'analisi qualitativa è stato mostrato per quanto riguarda le carriere professionali delle scienziate che strategie diverse possono portare allo "stesso" obiettivo. COSÌ Alcune scienziate assicurano il loro successo professionale attraverso il esternalizzazione IL assistenza all'infanzia A Terzo, altro Sopra IL parità Divisione dei compiti con il partner. Tuttavia, è diventato chiaro che certo Le strategie possono anche portare a una trappola professionale. Suola assumersi la responsabilità della supervisione sfida inoltre le scienziate molto lavoro organizzativo da un lavoro retribuito. Viceversa costa le controversie con i partner sui compiti di supporto, il scienziati inoltre al lavoro retribuito Anche tanto Energia. In In entrambi i casi, questi servizi privati di coordinamento non corrispondono al ideale-tipico requisiti per IL realizzazione uno scientifico chen che ha una grande attenzione e una dedizione a richiedono un lavoro (cfr. Engler 2001).

3.3.6 *opportunità di carriera E storie occupazionali*

Di seguito, esaminiamo l'influenza delle varie partnership accordi di supporto tecnico sul successo professionale delle scienziate A. Guardiamo tutte le scienziate con bambini e disegniamo IL maschio scienziato con bambini COME gruppo di confronto.

La Figura 3.3 mostra le proporzioni di donne e uomini che che punta nel tempo prima e dopo aver fondato una famiglia Successo nella scienza avuto o no. Qui si può vedere che le donne un anno fa riescono quasi quanto gli uomini a fondare una famiglia (tempo punto: -12). Tra le donne ha una quota del 69%, tra gli uomini del 72% uno Carriera. Primo Dopo IL mettere su famiglia risultato si chiaro genere tipico differenze di le possibilità di successo.

Le scienziate spesso sperimentano svantaggi professionali dopo la famiglia Fondazione: Un anno dopo la nascita del primo figlio, inizia la quota le scienziate con una carriera di successo sono scese al 61%. Lui recupera nei successivi tempi di osservazione, ristagna tuttavia, circa il 63%. La percentuale di conoscenza di successo sei anni dopo aver messo su famiglia, le donne non hanno l'inizio livello come era un anno prima di mettere su famiglia. Di conseguenza la percentuale di donne senza successo nelle scienze aumenta nel tempo. Complessivamente, solo il 41% delle scienziate ci riesce fondazione in modo coerente in tutti i punti osservati nel tempo in base all'obiettivo ven standard uno Carriera realizzare. Per il Gli uomini, invece, vanno IL mettere su famiglia con stabile storie di carriera lungo. UN Anno Dopo la nascita del primo figlio, la percentuale di scienziati con successo inizialmente al 78% e poi rimane relativa stabile. In contrasto per le scienziate, il 64% degli uomini ce l'ha tutta una carriera. esperienze di discriminazione e successive le madri sono colpite da retrocessioni o uscite dalla scienza (raffreddamento). quindi dentro la regola più spesso dei padri (da Stebut 2003).

Nel seguente dedicare Noi noi IL Confrontare entro IL gruppoIL scienziati E posto quelli con E senza successo professionale al momento del colloquio. La Figura 3.4 mostra per entrambi i gruppi un grafico storico. Accumula le proporzioni relative dei vari Tipi di attività delle scienziate su base mensile 100% e mostra, a partire dal dodicesimo mese *prima* della nascita del primo figlio Fino a per il 72 Mese *dopo* , IL proporzioni relative IL rispettive attività.

Figura 3.4: Stato attività mensile più di un anno prima e sei anni dopo mettere su famiglia, accumulato percentuale tè) scienziati con successo professionale a Inter punto di vista nel tempo, (b) scienziate senza successo professionaleper il tempo di colloquio A Primo Visualizzazione SU IL grafica Spettacoli, Quello IL gradienti da Donne con Esenza Successo In IL Scienza per il tempo di colloquio uno certo fattibilità di spettacolo simile. Sono entrambi abbastanza "colorati", cioè i gradienti includono una serie di attività molto diverse. Impiegato attività per tutte le scienziate con bambini. Un altro simile- L'abilità è dimostrata dal fatto che i corsi delle donne con e senza carriera difficilmente differiscono l'uno dall'altro per il tempo *prima di iniziare una famiglia:* Circa. Il 61% delle scienziate lavora a tempo pieno, ca. 20% a tempo parziale lavoro, e circa il 10% ha una borsa di studio. Quelle azioni restano stabile fino a mettere su famiglia.

Nel primo anno dopo la nascita del primo figlio, a ne grande gruppo di donne principalmente in congedo parentale e la proporzione delle donne occupate è in calo. Ma soprattutto in questo momento poi ci sono differenze nei percorsi di carriera delle scienziate determinato. Quasi la metà delle scienziate che in seguito hanno successo generalmente prendono il congedo parentale nel periodo osservatoDiritto (47%). I loro primi periodi genitoriali durano in media 13 mesi dopo. Il loro uso del congedo parentale si forma nel tempo come segue: IL più alto Porzione A riuscito scienziati Il 39% usufruisce del congedo parentale al quarto mese dal parto, un anno esatto Dopo IL nascita Sono Esso 21%. Questo La condivisione continua prima ritorno, ma poi risale al 14% nel terzo anno dopo aver messo su famiglia A. Le scienziate con altri bambini più piccoli vanno sempre più qui (di nuovo) in maternità. Cioè sei anni dopo aver messo su famiglia soltanto Ancora 4% delle donne con successo In IL scienza dentro congedo di maternità

Le storie occupazionali delle scienziate che al momento dell'intervista punto *nessuno* successo professionale Registrati Potere, Vedere Tuttavia qualcosa diverso fuori da. COSÌ Prendere Lei generalmente qualcosa più spesso periodi genitoriali In Diritto (54%). Anche i loro primi periodi di educazione durano in media lich 18 mesi chiaramente più a lungo COME IL del loro colleghe donne con successo professionale.

La percentuale più alta di queste scienziate in congedo parentale è del 49% trovato già nel primo mese dopo la nascita, un anno dopo la nascita è ancora il 27%. Questa proporzione segue poi fino al terzo anno solo con esitazione al 14% prima di mettere su famiglia e si sta stabilizzando Questo salire di livello fino a sesto anno di vita del bambino.

Gli scienziati senza successo professionale cercano la famiglia di conseguenza meno occupati. Un anno dopo la famiglia Il 60% di loro ha un lavoro retribuito. Nel terzo e sesto Anno Dopo IL mettere su famiglia Sono questo è 70% Questo Conoscenza- le lavoratrici sono occupate, ma nel frattempo la percentuale è nuovamente diminuita a causa della nascita di più figli. Alla fine del tempo considerato stanza raggiungere le donne che non hanno successo nella scienza durante l'intervista non aveva il livello di base di occupazione dell'anno precedente IL mettere su famiglia. A proposito fuori si muove si A loro nel Corso

il tempo *dopo* aver creato una famiglia, il rapporto tra tempo parziale e tempo pieno attività a favore del lavoro part-time.

Le donne che hanno successo nella scienza, invece, tendono a farlo trovare un'attività lucrativa dopo aver messo su famiglia o tornare a casa in seguito rientrare nel mercato del lavoro più velocemente dei loro colleghi senza lungo termine verso il successo professionale. Un anno dopo aver creato una famiglia, il 65% di loro è più tardi scienziate di successo impiegate, anche a tempo pieno, e questa percentuale aumenta costantemente fino all'85% entro il sesto anno. Con esso è il livello di partenza di un anno prima di creare una famiglia facilmente superato. Simile ai suoi colleghi senza successo professionale il rapporto tra lavoro part-time e lavoro a tempo pieno sta cambiando per loro leggermente a favore di lavori part-time sei anni dopo aver messo su famigliadieci.

In sintesi, si può affermare che la percentuale di tempo pieno madri che lavorano *senza* successo nella scienza in nessun momento dopo fondare una famiglia ha raggiunto un livello paragonabile a quello accademico scienziati *con* successo al momento dell'intervista. È anche evidente che non solo i periodi genitoriali svolgono un ruolo maggiore per loro, ma quello temporaneamente più colpiti dalla disoccupazione dopo aver messo su famiglia e sono più spesso finanziati da sovvenzioni rispetto alle scienziate con *successo* . Rispetto ai percorsi di carriera dello scientifico con i bambini sono i corsi di scienziati con i bambini caratterizzato prevalentemente da occupazione a tempo pieno (in media 80%); IL Creare una famiglia come evento non è in alcun modo rappresentato dal cambiamento o Effrazioni riconoscibili (non mostrate).

3.3.7 C sono arrangiamenti influenza carriere scientifiche

I risultati finora si concentrano sulle influenze separate degli individui fattori. In questa sezione, queste variabili di influenza sono presentate in regressione i modelli sono riuniti per tenere conto di tutti i fattori apprezzare l'influenza delle soluzioni di cura sulla possibilità di avere successo tra le donne nella scienza. Vogliamo circa il confronti precedenti, in cui il successo di carriera all'epoca punto del colloquio è stato il criterio decisivo. Nei modelli ora può essere verificato se le donne nei *vari* momenti dopo il mettere su famiglia Dopo obbiettivo Requisiti Successo In IL Scienza avuto o no. Tutti gli scienziati sono stati inclusi nei calcoli bambini compresi. Nella Tabella 3.2, gli stimatori sono dati come odds ratio e i loro intervalli di confidenza [13] elencati.

---

13 probabilità rapporti Dare IL rapporto di probabilità per IL accedere uno maternità fra uno Riferimento- E uno gruppo di confronto A. UN probabilità rapporto da 1 significa, Quello Esso nonecC'è una differenza di possibilità tra i due gruppi. Il gruppo di confronto ha una probabilità maggiore rispetto al gruppo di riferimento con un odds ratio >1 e un valore basso ri possibilità con un rapporto di probabilità di <1. L'intervallo di confidenza mostra se il valore stimato odds ratio si trova all'interno dell'intervallo dato con una probabilità di 0,95. IL La stima è incerta se il valore 1 è all'interno dell'intervallo di confidenza e maggiore Meglio IL intervallo di confidenza È.

Il modello 1 contiene tutti i fattori teoricamente rilevanti, il modello 2 li contiene ulteriori effetti di interazione dell'accordo di cura con il tempo run Per l'analisi dell'organizzazione dell'assistenza all'infanzia, due restrizioni nel Confronto A IL descrizioni nel preceduto Sezione incontrato diventare. In primo luogo, per il supporto esterno guardava solo se era usato o meno, e d'altra parte dieci IL egualitario E l'opposto tradizionale accordi di coppia A ILassistenza all'infanzia a causa del basso numeri di casi combinati diventare.

Nel Primo Modello Spettacoli si, Quello per scienziati Dopo IL mettendo su famiglia ci sono minori possibilità di avere successo nella carriera, se sono quelli nella loro partnership che sono i principali assumersi la responsabilità dell'assistenza all'infanzia (disposizione tradizionale). IL utilizzo da esterno opzioni di cura a sua volta migliorato IL Veduta delle madri sul successo professionale In di Scienze significativo.

Uno sguardo dettagliato all'impatto delle soluzioni di cura per il momenti diversi dopo aver creato una famiglia nel modello 2 esamina la relazione di entanglement tra la disposizione delle coppie e IL tempi di osservazione E Spettacoli, Quello Entrambi effetti si chiaramente rafforzare E A statistico significato prendere peso. Per colpa di IL ulteriori termini di interazione sono forniti dal valutatore per l'accordo di cura mento nel modello 2 indica solo la sua influenza nel primo anno di vita del bambino. Perciò È IL opportunità SU successo professionale con scienziate con una disposizione tradizionale già nel primo anno di vita del bambino significativamente inferiore rispetto ai loro colleghi con disposizioni non tradizionali mento. L'effetto complessivo del regime di assistenza tradizionale a Mo- dell 2 è inoltre calcolato dagli effetti dei termini di interazione, vale a dire nel complesso, le scienziate hanno poche possibilità di avere successo professionale dopo aver messo su famiglia se fanno il principale lich Giurisdizione per IL Cura la sua bambino rilevare. Usare scienziati – indipendente dal coppia interna disposizione di cura ment - il sostegno di terzi nella cura dei propri figli, così è Anche IL opportunità SU successo professionale maggiore. In Modello 2 diventa a parte quello Si può vedere che le possibilità di successo nella carriera aumentano nel sesto anno del Rispetto al primo anno dopo aver messo su famiglia, soprattutto nel migliorare in modo significativo, le cui modalità di cura all'interno della coppia mento non segue il modello tradizionale. Questo mostra molto impressionante pieno, Come importante IL associazione disposizione di cura Dopo IL Creare una famiglia per le ulteriori prospettive di carriera degli scienziati effettivamente correre È.

Pochi sorpreso È IL Risultato, Quello si IL opportunità SU Successo nella scienza per le mamme design migliore se lo sono già prima successo nel creare una famiglia. Per l'ipotesi dal corso della vita prospettiva, Quello IL opportunità di carriera più alto Sono, Se IL attraversamento alla genitorialità Dopo nel carriera lui segue, foglie si uno attento Mostra conferma: scienziate che hanno avuto il loro primo figlio solo dopo il promozione ottenere, avere maggiori possibilità di successo professionale dopo mettere su famiglia (modello 2). Tuttavia, questo risultato si basa solo su livello del 10%. significativo.

Per IL ipotesi Di modello di negoziazione delle risorse Trovare Noi nessun risultato così chiaro e affidabile. La relativa trattativa la posizione può essere determinata attraverso lo stato lavorativo del partner prima di formare una famiglia catturare. Gli effetti per questo fattore di influenza non sono significativi bordo, ma puntano in una certa direzione. scienziate, di cui compagno Prima IL mettere su famiglia uno lavoro a tempo parziale perseguito o finanziati da una borsa di studio tendevano ad avere qualifiche migliori visualizzare il successo professionale rispetto alle loro controparti a tempo pieno partner. La categoria "senza attività lucrativa" comprende una serie di diverse attività insieme, tra cui formazione e tirocini ka. Queste sono attività che in realtà significano impegno a tempo pieno e tendono quindi ad avere un impatto negativo sulle prospettive di carriera degli scienziati scienziate in relazione alla creazione di una famiglia A.

lo stesso Modelli per IL padri Sotto IL scienziati spettacolo (nessuna tabella) che né l'accordo di cura all'interno della coppia né il L'uso di opzioni di assistenza esterna ha un effetto significativo su opportunità di carriera da padri ha. IL fattori influenzanti, IL alla conoscenza sono rilevanti per i dipendenti, il successo professionale prima di iniziare una famiglia istruzione e la coorte di laureati responsabile della misurazione del mercato del lavoro la situazione sta in piedi.

3.4 Bambini: interruzione della carriera o calcio d'inizio della carriera?

IL Chiedere Dopo IL Senso IL mettere su famiglia per IL successo professionale nel mondo accademico, la letteratura è stata spesso trascurata in vista del privato Situazione ripresa e discussa dalle scienziate (cfr. Lind 2008; Metz-Göckel/Selent/Schuermann 2010; da Stebut 2003). Questo sub Le indagini sono state in gran parte limitate a resoconti descrittivi del circostanze private, come la costellazione di partner per quanto riguarda le qualifiche e l'area di lavoro, nonché in parte l'organizzazione dell'assistenza all'infanzia. Inoltre, le indagini sono state per lo più o solo con quantitativi o solo esaminati con metodi qualitativi e non nella loro connessione funzione Lo scopo del nostro contributo è stato quello di riprendere questo desideratum e Lui A indagare, Quale strategie di cura scienziati con bambini) con tuo partner A IL persecuzione del loro carriere sviluppare e quale impatto hanno le soluzioni di assistenza all'infanzia sulla carriera opportunità per le scienziate.

In IL visione d'insieme nostro riscontri mostrato si, Quello IL verde familiare letame per scienziati nel Confronto A tuo maschio Colleghi UN svantaggio di carriera rappresenta. Mentre Donne In IL Scienza Prima IL mettere su famiglia proprio come frequentemente Successo Avere Come Uomini, prende IL Porzione da scienziati con Successo Dopo IL nascita Di Primo bambino Di lontano. scienziate IL suo Carriera Dopo IL mettere su famiglia con Successo Continua, Avere In IL Regola meno comune E meno Bambini, Anche ricevere Lei suo Primo bambino Dopo COME scienziati senza Carriera- successo. Con esso diventa IL formulato dal punto di vista del corso della vita approccio Me, Quello uno consolidamento IL Carriera Prima IL nascita Di Primo bambino IL opportunità per professionale Successo elevato, confermato. Questo SU IL

Comportarsi da Donne (O. coppie) mirare strategia uno tardi nascita Potrebbe IL pianificazione IL mettere su famiglia A uno forte razionale Questione. Noi Potevo spettacolo, Quello Questo Chiedere Di "Giusto punto nel tempo" per IL nascita Di Primo bambino per molti IL scienziate _ IL così come suo professione- voler continuare una carriera e avere figli diventa un peso. scienziate IL si per Bambini decidere, perseguire con tuo partner diverso strategie, in giro suo occupazione Anche Dopo IL mettere su famiglia continuare. IL maggior parte interrompere le donne SU- terra da doveri di cura almeno per corto Tempo suo Proprio professionale compito. Incluso mostrato si, Quello IL Periodo di tempo IL interruzione Attraverso Genitori-tempo IL successo professionale IL Donne Dopo IL mettere su famiglia co-determinato E scienziati con corto congedo di maternità nel ulteriore carriera correre frequentemente Più di successo Sono COME suo colleghe donne con più a lungo congedo di maternità. Contemporaneamente divenne chiaramente, Quello Esso utile per scienziati È, Se loro consente diventa, Anche Mentre IL congedo di maternità Connessione A suo professionale per mantenere l'ambiente.

Come organizzazione dominante per l'assistenza all'infanzia dopo aver creato una famiglia zione è stata trovata anche tra scienziate in partner (accademici). creare la tradizionale divisione di genere del lavoro. Una specialità zione nel senso di considerazioni economiche familiari non si applica al scienziati E suo compagno A, IL Dopo IL mettere su famiglia e anche durante le brevi interruzioni di carriera dovute al congedo parentale attenersi fermamente al proprio lavoro. Un'eccezione è un caso con viceversa regime di cura tradizionale. È qui che avviene la specializzazione il partner, che non aveva intenzioni di carriera lui stesso, per prendersi cura del figlio e faccende domestiche, mentre sua moglie carriera scientifica perseguita.

Uno sguardo ai processi di negoziazione delle coppie ha mostrato che il tradizionale l'organizzazione razionale non è sempre il risultato di decisioni consapevoli e non Sempre "ricercato" È. Così come SU

pagine IL scienziati COME
anche da parte dei loro partner ci sono ostacoli che portano alla disuguaglianza la divisione dei compiti nel partenariato. Questi sono, per esempio negoziazioni infruttuose tra gli scienziati e i loro partner sui loro rispettivi desideri per quanto riguarda la divisione del lavoro nei bambini cura e d'altra parte teme che questi applicare senza subire sanzioni. Quest'ultima paura è diventata appositamente formulato per i partner delle scienziate che - se loro andare in congedo parentale o ridurre l'orario di lavoro per l'assistenza all'infanzia - presumibilmente più grandi Svantaggi Avere COME scienziati. Fuori da ver-Da un punto di vista della teoria dell'azione, ciò si traduce in svantaggi per la conoscenza lavoratrici, il che significa che si prendono principalmente cura dei bambini rilevare. Da ciò si può concludere che non solo la risorsa la relazione tra i partner nel processo negoziale è cruciale. Aggiunto venire normative profondamente radicate, convinzioni differenziate di genere, come aspettative di se stessi (come madre/padre) e del/dei partner ner (come padre/madre). Nei processi di partner interno Il fare scientifico *di genere* mette in pratica queste aspettative e anche leader nel caso delle scienziate, che citano una pretesa egalitaria formulare i loro partner, dopo aver avviato una famiglia a un tradizionale disposizione di cura. attribuzioni, Quello doveri di cura semplice riconciliarsi con l'attività scientifica che con quella attiva capacità in altri campi professionali, purché solo per lavoro usato dalle scienziate – un genere differenziato abbellito divisione del lavoro (Hess/Rusconi/Solga 2011a). In partnership, In dove entrambi i partner si occupano ugualmente dei compiti, che queste attribuzioni decostruiscono come attribuzioni di genere ed e la pratica quotidiana dell'azione ancora e ancora al desiderato uguaglianza controllato verso.

In linea di principio, le scienziate stesse responsabilità, sia che lo facciano in modalità tradizionali o in equamente diviso fare con il suo partner.

scienziati con un accordo di assistenza tradizionale ha significativamente più basso Opportunità di carriera rispetto a coloro che si prendono cura delle proprie responsabilità almeno i partner condividono equamente. Per quegli scienziati che, nonostante gli accordi tradizionali, proseguono la loro carriera dopo aver messo su famiglia può continuare, l'esternalizzazione *flessibile* dell'assistenza all'infanzia un ruolo centrale. Le scienziate raggiungono questa flessibilità mettendo a disposizione strutture di cura *e* privati per l'assistenza unisci tuo figlio. Esternalizzazione dell'assistenza all'infanzia e La combinazione di diverse terze persone o entità è totale piuttosto una soluzione di cura pre-requisito. È richiesto che le corrispondenti opportunità di supporto esterno in loco non sono sufficienti IL Disponibilità consistere. Anche È decisivo, Se IL utilizzo queste opzioni di supporto da parte degli scienziati possono essere finanziate. Soprattutto durante la fase di dottorato, gli scienziati hanno UN Basso reddito E Sono Perciò In IL finanziamento esterno opzioni di cura limitate. La possibilità di un libero sostegno da parte di una rete personale come i membri della famiglia ge o gli amici possono essere utili e di conseguenza costi più elevati per la cura del bambino da parte di badanti, baby sitter o badanti indicazioni, ma non tutti gli scienziati possono farlo accedere a tale rete privata.

L'assunzione affidabile e indipendente di assistenza all'infanzia Ung dal partner rappresenta quindi un sollievo per le donne che L'assistenza all'infanzia da parte di terzi è difficile da sostituire. Per garantire questo i partner delle scienziate non solo devono orientamento dei loro partner idealmente, ma soprattutto praticamente supportato Zen. Le valutazioni qualitative hanno anche mostrato che il professionista e la soddisfazione del partenariato è particolarmente elevata tra le coppie che si IL cura di bambini comuni condividere equamente.

Nostro Risultati gettare Domande per ulteriore Ricerca SU. per C'è bisogno di ricerca, ad esempio, quando si esaminano le condizioni di carriera zioni provenienti dal vecchio e dal nuovo Stato federale. Perché dentro La letteratura ha mostrato una sorprendente differenza nella percentuale di professori correre, IL Bambini Avere. Qui permesso si numerose Domande Collegare: Forse le donne nelle università dei nuovi stati federali migliori opportunità di carriera rispetto ai vecchi stati federali? forma tedesco orientale scienziati cal la divisione del lavoro di cura più egualitaria di tedesco occidentale? Quale ruolo giocare Qui accordi di coppia E esterno Cura per IL opportunità di carriera da scienziati nel Confronto a loro In i vecchi stati federali?

Inoltre, riguarderebbe la compatibilità della famiglia e la scienza è interessante non solo per guardare quelle donne che sono rimasti con successo nella scienza, ma anche "exit coagulo". In questo modo, le barriere per le donne che affrontano la loro situazione privata potrebbero essere eliminate correlati, determinare ancora più chiaramente. Il problema è tutto Tuttavia, nell'identificazione e nell'accessibilità degli abbandoni, perché loro andare nel Processo di qualificazione perso. UN ulteriore Punto, A al IL Ricerca A storie di carriera da le donne nella scienza, i tempi della famiglia fondazione. Sarebbe opportuno indagare più da vicino se fondare una famiglia prima del primo titolo accademico è positivo influisce in modo determinante sul successo professionale delle donne. Questo parla contro il Supponendo dal punto di vista del corso della vita, tuttavia si può esserlo prima il momento di mettere su famiglia può certamente essere associato a vantaggi. IL bambino È Poi, Se IL Requisiti IL fase di qualificazione in particolare sono elevati, come accade per il dottorato e l'abilitazione, in un contesto meno vigilato età intensiva. Nelle attuali condizioni di quasi senza prendere temporaneo occupazione nel sistema scientifico stand Questo considerazione Tuttavia IL (professionale) incertezze progettuali da ragazzi scienziati e i loro partner.

4. "Sotto pressione ...!?" - Biografico Orientamenti delle scienziate In Professione, associazione E Famiglia

Perché è estremamente audace per un giovane studioso che non ha fortuna deve assolutamente esporsi alle condizioni di una carriera accademica. Lui deve essere in grado di sopportare almeno un certo numero di anni senza sapere in alcun modo se dopo ha la possibilità di trasferirsi in una posizione sufficiente per la sussistenza" (Weber 1992 [1919]:72).

Anche se il giovane studioso di cui sopra - grazie all'apertura del scuole per donne – intanto sempre più spesso anche *le* giovani studiose La descrizione di Weber di essere uno scienziato ce l'ha quasi cento anni dopo ancora attuale: dopo una fase di socializzazione zione IL università E Di Professionale Di scienziato In IL centro Di

XX secolo (cfr. Mittelstraß 2006) la situazione di molti scienziati lers e scienziati nel presente attraverso una carriera precaria e condizioni di vita marcate. Questa precarietà complicata da a altezza incertezza In IL Occupazione, desiderio fasi di qualificazione E variando modello sfumato molte volte IL Carriera- E pianificazione della vita IL persone interessate e i loro partner. L'organizzazione Università funzioni incluso Dopo Come Prima COME "apparato di lettura" (Vedere. Weber 1992 [1919]). Rispetto ai tanti dottorati e abilitazioni zione, esistono solo pochi posti a tempo indeterminato nel sistema accademico (cfr. Engler 2003). La carriera scientifica rimane così aperta a tutta la scienza schaftler E scienziati uno rischioso E privato Azienda sulla via della cattedra (cfr. Kahlert 2010). Ma come- Inoltre, le carriere scientifiche rappresentano una biografia speciale rischio cal, e qual è l'importanza del lavoro, del partenariato e Famiglia uno?

Lo scopo di questo articolo è quello di fornire un orientamento professionale per le donne nel La scienza nel gioco delle vicende familiari e istituzionali sen e di esaminare più dettagliatamente la loro importanza per l'avanzamento di carriera determinare.

A tal fine, interviste qualitative centrate sul problema con accademici Imparare E interviste con tuo compagni di vita Scienze sociali- ermeneutico valutato. Esso divenne IL storie di carriera da Conoscenza-ricostruiti sulla base delle loro (auto)descrizioni e con la prospettiva del partner sulle attività professionali delle donne aggiunto. Le presenti descrizioni del caso mostrano come la conoscenza Schaftler in importanti decisioni professionali o familiari orientarsi e in che misura il proprio percorso professionale e di vita polmoni con al compagno O Attraverso istituzionale predeterminato professionale le opportunità ne risentono. L'istituto di istruzione superiore con il suo specifico corrispondente struttura organizzativa rappresenta un importante con- conoscenza del testo per l'interpretazione dei self-report degli scienziati A rappresentare. Di seguito diventa per questa ragione IL sistema scientifico con il suo istituzionale E simbolico Ordine SU IL base Di per livello descritto. Nel centro Di contributo in piedi selezionato Descrizioni di casi e una discussione comparativa del lancia E istituzionale occasioni diverso professionale orientamenti IL Donne In IL Scienza. IL empirico analisi mostra come le donne e i loro partner anticipano e come li integrano nei loro piani di carriera e di vita comuni includere.

4.1 "Sotto pressione ...!?" - Donne nella scienza

Il piccolo numero di professoresse nelle università lo indica che il sistema scientifico non è un luogo neutrale rispetto al genere e le organizzazioni nizzazione della selezione di (giovani) scienziati non sono indipendenti dal genere (cfr. ad es. Acker 1990; Hess/ Rusconi/Solga 2011a; Krais 2000; Zimmer/Krimmer/Stallmann 2007). scienza Le scienziate sono più soggette a selezione rispetto ai loro colleghi uomini processi di zione SU il modo al cattedra E Avere chiaramente minore Opportunità per gli uomini di rimanere permanentemente nella scienza (cfr. Metz Goeckel/Selent/Schuermann 2010; Solga/Palo 2009).

Quando sono impiegati presso università o istituti di ricerca sono scienziati con una vasta gamma di lavoro e Sfide per il progresso, come lo sono nella ricerca e nell'insegnamento così come la cultura professionale. A causa delle organizzazioni di generestrutture (cfr. Acker 1990), le università di Frau- Uomini e donne valutano i risultati professionali in modo diverso tet (cfr. Beaufaÿs 2003, 2004; Krais 2000). La risultante diseguale che professionale posizionamento da Donne E uomini In IL Scienza

"Sotto pressione ...!?" Biografico orientamenti da scienziati 119
è già stato oggetto di numerose indagini (v., tra l'altro, Hess/Rusconi/ Solga 2011a; Matthies 2006; Solga/Pahl 2009; Zimmer/Krimmer/Stallmann 2007). Gli orientamenti professionali e familiari degli scienziati e le scienziate sulla strada per una cattedra, tuttavia, difficilmente lo sono ricercato. COSÌ È in gran parte sconosciuto, Come scienziati IL nel Carriera e corso di vita indirizzati a loro, alcuni dei quali contraddittori Lavorare ed elaborare i requisiti del lavoro e della

partnership biograficamente E Quale Senso suo orientamento professionale per i processi di selezione nel ha una storia di carriera.

Come i giovani scienziati sfruttano le loro opportunità di carriera cen presso le università e gli enti di ricerca non universitari stima, mostra uno studio standardizzato in cui, tenendo conto obiettivi di livello superiore nella vita, l'orientamento professionale della scienza discendenza scientifica è stata elaborata (cfr. Jaksztat/Schinder/ Briedis 2010). Sebbene il lavoro scientifico di molti intervistati è descritto come attraente, c'è in particolare il desiderio di un professionista Sicurezza con la mancanza di pianificabilità delle carriere scientifiche, il bassa sicurezza del lavoro e incerte opportunità di avanzamento all'interno del sistema scientifico (Jaksztat/Schinder/ Briedis 2010: 27 seg.). IL più a lungo tempo di sosta nel sistema scientifico promuove l'atteggiamento pessimista di tutti gli scienziati tabelle valutazione IL Proprio prospettiva di carriera, cioè dottorato di ricerca valutare le loro prospettive in modo significativamente più negativo rispetto a

dottorandi (Jaksztat/ Schinder/Briedis 2010: 30).

Per la questione che interessa qui sui processi di (auto)selezione nella scienza è significativo che scienziati e scienziati in particolare dipendenti di sesso femminile con un marcato orientamento all'avanzamento professionale non vedere le possibilità all'interno della scienza in modo molto positivo e metà pensa di lasciare la scienza (Jaksztat/Schinder/Briedis 2010: 25 seg.). Per quanto riguarda la propria situazione professionale, professionale e Gli obiettivi nella vita divergono particolarmente quando si tratta di compatibilità da famiglia pianificazione della vita E professionale Requisiti va. IL La differenziazione per genere mostra anche che gli uomini scelgono la loro carriera opportunità all'interno e soprattutto all'esterno del sistema scientifico ver rispetto alle donne (Jaksztat/Schinder/Briedis 2010: 29).

Per colpa di IL precario Condizioni di impiego diventare Conoscenza- schaftler E scienziati Anche senza IL Sicurezza, Quello suo lo sforzo porta a una posizione permanente nella struttura dell'università incoraggiati a considerarsi "autoimprenditori scientifici" e armeggiare costantemente con le loro carriere (Enders 2003: 256). Allo stesso tempo il lavoro scientifico è accompagnato da un ethos che prevede che il Scienza al "Vocazione", cioè A uno forma di vita diventa. "Naturalmente, IO vivere soltanto per pensare ‚Professione'" Forse – Massimo tessitore (1992 [1919]: 80) secondo la risposta attesa da un giovane studioso. Il termine L'appuntamento implica che la vita quotidiana di uno scienziato o di uno scienziato scienziato "viene ripulito da tutto ciò che non è correlato alla scienza e contiene tutto ciò che è utile al suo funzionamento" (Beaufaÿs 2004: par. 5). A differenza dei tempi di Max Weber, ci sono stati istituti di istruzione superiore negli anni '60 e '70 sempre più donne che studiosi che intraprendono una carriera scientifica dopo la laurea inizio. Ma Potere Dritto scienziate Là Lei soprattutto con partner altrettanto altamente qualificati e impiegati a tempo pieno gli uomini sono (cfr. Hess/Rusconi/Solga 2011a; Rusconi/Solga 2008), la loro vita quotidiana raramente li tengono liberi da tutto ciò che è extra-professionale rispetto a quelli maschili colleghi possibili È (cfr cap 3 in questo Un libro).

Se In IL analisi da storie di carriera In IL Scienza COSÌ anche le condizioni di vita privata di scienziati e scienziati i discenti, cioè i loro partenariati e le loro famiglie, sono inclusi la discussione su vocazioni e precarietà, soprattutto femminile aggiuntivo esplosività. Poi Genere ha Inoltre uno strutturazione Effetto nella vita di donne e uomini. Attacca entrambi sull'aereo aspettative della società e della società, nonché a livello istituzionale le lezioni e le organizzazioni regolano la vita delle persone (cfr. Kruger 2002). A tutti gli eventi specifici del corso della vita, come l'ingresso nella vita lavorativa o nella nascita dei figli, un insieme di legami Comportamenti standardizzati per genere. Questi prendono fluire ad azioni biografiche individuali oltre che interattive atti in coppia e sono qui in parte riprodotti. Ecco come si spiega per esempio, che anche gruppi di persone con forti ambizioni professionali zione - come le coppie altamente qualificate che iniziano come pari professionali - nel Nel corso della creazione di una famiglia, una ri-tradizionalizzazione della loro divisione del lavoro soggetto nel rapporto di coppia e su uno, cioè la macchina maschile riere (cfr. capitolo 2 in questo libro;

Bathmann/Müller/Cornelissen 2011; Wimbauer et al. 2008).

Fino a che punto gli scienziati e i loro compagni di vita sono i loro professionisti L'organizzazione delle carriere insieme o separatamente dipende da molte cose diverse quali fattori (cfr. Behnke/Meuser 2003). Nei partner eterosessuali sono per lo più donne – anche se sono (a pieno) occupate – per la cura dei bambini e la cosiddetta "gestione della compatibilità" responsabile (vedi capitolo 3 in questo libro; Behnke/Meuser 2005; Hess/Rusco-non 2010). Sono state effettuate analisi per quanto riguarda l'assunzione di assistenza all'infanzia ma dimostrato che i partner che si assumono la responsabilità della cura del comune gli stessi bambini prendono il sopravvento, le scienziate si concentrano sui loro professionale abilitare lo sviluppo (cfr cap 3 in questo Un libro).

Se e in che misura coppie altamente qualificate requisiti, con quelli in particolar modo Donne nel corso della vita affrontò *Under pressione ...!?" Biografico orientamenti da scienziati* 121 anticiparli e incorporarli nella pianificazione congiunta della carriera e della vita correlato, è stato poco studiato finora. Tenendo conto di quanto sopra citata osservazione di una "socializzazione" della scienza è in Per quanto riguarda i risultati della ricerca precedente per tener conto che a scienziato E scienziati dirette Aspettative Di "autoimprenditorialità" frequentemente In relazioni di coppia progettato diventare. Ciò solleva la questione della tensione tra organizzazione e la partnership è scambiata. Potrebbe essere ad esempio B. che partner e partner donne a fronte della perdita di autonomia nelle attività professionali degli scienziati una parte sempre più ampia del motivare le persone coinvolte. Quali forme di divisione del lavoro quali coppie incorporano è ancora sconosciuto. Sarebbe possibile che I partner assumono sempre più compiti che prima erano di più abbinamenti "funzionali" (ad es. da parte di sponsor scientifici). divenne. Le relazioni di coppia sarebbero quindi non solo viste come parti intime nership A capire, Piuttosto Anche COME scientifico (professionale) partnership nel sensi da reciproco contenuto E più strategicoConsiglio. [1]

"

4.2 Orientamenti professionali delle scienziate (descrizioni dei casi)

Nelle descrizioni dei casi, integrate dalla prospettiva del loro partner, che presentano le storie professionali e personali di quattro scienziate è stato chiesto chi avesse una carriera accademica al momento dell'intervista. [2] Viene elaborato quale biografico, partenariato e istituzionale fattori SU IL professionale orientamenti da riuscitodonne che lavorano nella scienza.

4.2.1 metodico Procedere

IL base per IL Indagine posto IL nel Telaio Di progetto
"Fare carriera insieme" Interviste qualitative con conoscenza lavoratori E i loro partner. C'erano totale 33 Scienza-

---

[1] La validità di questa ipotesi sarebbe un'ulteriore spiegazione per la relativa carriera vantaggio da scienziate di chi compagno Anche COME scienziato impiegato Sono(Vedere. Hess/Rusconi/Solga 2011a).
Il termine carriera scientifica indica che le donne hanno un'età e una qualifica cazione adeguata occupazione condizione. A IL nel Progetto "Insieme Carriera Fare" sviluppato standardizzato definizione di carriera Vedere. Capitolo 1 In Questo Un libro. studenti che erano in diverse fasi della carriera in quelli qualitativi interviste e dodici dei loro partner. Gli intervistati di qualitativo sotto studio divenne fuori da IL partecipanti E partecipantiIL sondaggio standardizzato selezionato (per favore, riferisci Capitolo 1 In Questo Un libro).

Il campione qualitativo è costituito da scienziati dei tre di- ziplining (scienze sociali, tecniche e naturali), fasi di carriera e coppia Costellazioni di carriera insieme, che a causa della standardizzazione erano noti durante l'indagine e sono stati utilizzati per la selezione dei casi. Questa combinazione il dimensionamento non corrisponde alla rappresentatività statistica, ma segue la considerazioni metodologiche del "campionamento teorico" del Grounded teoria (cfr. Glaser/Strauss 1967). Ciò rende possibile, tra le altre cose, secondo la valutazione socio-scientifica-ermeneutica di ampio respiro lavorare con variazioni di caso (cfr. Reichertz/Schröer 1994), ad es. B. per quanto riguarda Età, numero di figli e coinvolgimento dei partner nella cura dei bambini ungherese

Gli scienziati sono stati addestrati in problemi centrati, strutturati per processi Interviste su singoli episodi della loro vita professionale e collaborativa biografia interrogato (Vedere. scherzo 2000). Incluso divenne Chiedere informazioni flessibile gestito alla volontà di una narrazione biografica completa aumentare (cfr. Hopf 1978; Schütze 1984). Le interviste sono avvenute in Solitamente presso il luogo di lavoro degli intervistati o presso uno da loro scelto Posizione invece di ed è durato circa due Ore.

IL trascritto interviste divenne Primo contenuto analitico E valutato in modo comparativo (cfr. Mayring 2003) al fine di quantità in una prima fase. Nel corso dell'analisi del contenuto Il confronto degli argomenti è diventato sia basato sulla teoria che sul testo Le trascrizioni dell'intervista erano codificate. Questo ha permesso al raggruppare le autodichiarazioni degli intervistati per tematica e relativa chiave categorie per una visione trasversale della conoscenza soggettiva degli scienziati sulla loro carriera professionale identificare. in uscita da esemplare casi divenne Poi Inter passaggi di visualizzazione selezionati per una valutazione dell'analisi della sequenza e inter- (cfr. Hitzler/Honer 1997; Oevermann et al. 1979). Il generato i risultati relativi al caso sono presentati qui.

Al fine di sottolineare in modo specifico l'importanza degli orientamenti biografici del Per mostrare le donne nel campo della tensione tra università e partenariato, alcune caratteristiche sono state mantenute relativamente stabili per la presente analisi dieci: Al momento dell'intervista, i quattro scienziati presentati qui Punkt ha circa 40 anni e vive da più di dieci anni partnership; tre di loro con bambini. Tutti e quattro gli scienziati rendersi conto con Successo uno Carriera; due da sono professori. Tre dei compagni di vita lavorano anche come scienziati, in parte in lo stesso Area di competenza. UN compagno di vita È nel lo stesso Area di competenza al di fuori di il *Sotto pressione ...!?" Biografico orientamenti da scienziati* 123 scienza attiva. Tre delle quattro coppie hanno una doppia carriera a quarta coppia, solo la donna ha una carriera nel senso della definizione di carriera definita. Nonostante il successo professionale di tutti i responsabili di questo Indossare scelto casi differenziare si storie di carriera E cibo situazioni IL scienziati parzialmente forte l'uno dall'altro. Inoltre due dei casi indicano un predominio dell'orientamento professionale e due per un predominio dell'orientamento familiare (vedi Figura 4.1). SU In questo modo, il campo di tensione tra istituzioni e partner- più scientifico Supporto contrastante certamente diventare. IL Obiettivo IL Le descrizioni dei casi sono l'interrelazione dell'azione professionale e partenariato e contesto istituzionale nell'autodichiarazione dieci il mostra scienziate.

Una breve descrizione dei casi con informazioni su professionista e partner corso così come al struttura sociale IL case dei genitori situato si In Sezione 4.5

(allegato di questo capitolo).

2

4.2.2 *Al Scienza nominato (Caso 1: Behrendt)*

Il primo caso qui presentato è un esempio di scienziato che vive con uno scienziato altrettanto di successo e dentro di chi associazione IL responsabilità familiari (genere) atipico distribuito Sono (per favore, riferisci Sezione 4.5.1). IL orientamento alla carriera da Donna Behrendt È sulla scienza come vocazione e come carriera.

"Penso di avere più volontà di potere o qualcosa del genere. Quindi lo sono, [...] vado sempre proprio nel mezzo di tutte queste storie, come corpi e quant'altro. prendi tutto eventuali inviti all'interno delle istituzioni in cui lavoro e simili ulteriore. Impantanati anche in questo, e così via. Ma il mio altro significativo è più forte focalizzato e concentrato. [...] Eravamo entrambi già abbastanza calibrati, che volevamo fare questo, lavorare nella scienza. Nel mio caso ancora di più che con lui senza alternative. Potevo [...] farlo allora e posso farlo adesso Sempre Ancora non introdurre, Che cosa IO Altrimenti Fare Potevo. COSÌ Anche Veramente dal Potere Qui. [...] IO pensare, Noi avevo Entrambi a quel tempo, credere IO, non disse, Quello Noi Appena COSÌ finire. [...] Ma per Me era Per esempio Professore diventare Niente inimmaginabile."

Le azioni professionali della signora Behrendt sono caratterizzate da a professionalità scientifica abituale, che viene fornito con a la capacità di raggiungere obiettivi professionali. Secondo il condizione" del loro famiglia di origine, IL Già parecchi generazioni professo sors fuori portato ha, prende Lei NO professionale alternative VERO. Segue il suo percorso scelto nella scienza e non descrive esplicitamente la cattedra come un obiettivo professionale, ma lo affronta con maggiore questione di corso IL In del loro biografia intrapreso passi verso di essa. Ostacoli sollevati da altri intervistati, come a più precarietà finanziaria o l'impertinenza, pur avendo una famiglia geograficamente Essere mobili non sembra avere importanza per la signora Behrendt. decisione Le domande di offerte di lavoro sono in gran parte determinate dal tuo singolo professionista ches avanzamento determina ciò che, in caso di dubbio, una separazione spaziale dal compagno richiede. Donna Behrendt capisce Scienza COME "Atteggiamento", con ciò intende lavoro, famiglia e vita per le esigenze della scienza orientarsi verso una carriera professionale. Corrisponde quindi al la letteratura di ricerca descrive lo scienziato appassionato che quelli con la "devozione" dell'insieme descritta all'inizio del capitolo persona per la scienza vite (cfr. Beaufaÿs 2004).

Oltre all'abituale professionalità, l'azione professionale di Donna Behrendt Anche Attraverso uno orientamento SU influenza segnato disegna. Ha un senso per le posizioni di potere e quindi si porta- metà negli organi decisionali strategici delle istituzioni, per cui lei lavora. Offerte indirizzate a te, ad es. B. Inviti a conferenze o la partecipazione a comitati, rifiuta raramente. Questa procedura si riferisce a loro come "andare nel mezzo"; consente alla signora Behrendt di farlo per tenere traccia del corso del loro sviluppo professionale. il su costruire e mantenere le loro reti scientifiche sono altrettanto importanti la loro pianificazione della carriera, nonché le candidature per le posizioni di loro interesse. L'orientamento all'azione della signora Behrendt si sposta così nell'arco campo di tensione fra uno alto questione di corso E uno Sopra-colpo di attività professionale - il che significa che la signora Behrendt muore individuale passi del loro carriera professionale con grande Successo compiuto.

"Sotto pressione ...!?" Biografico orientamenti da scienziati 125

Allo stesso tempo, diventa chiaro che non possono proseguire il loro percorso professionale senza il supporto lingua altre persone hanno capito:

"COSÌ IO Sono abbastanza sicuro, Quello Veramente senza Questo persone E Attraverso IL, Che cosa Lei per me e hanno anche reso possibile per gli altri, e le strutture che hanno creato al università, Come scuole di specializzazione E COSÌ ulteriore, IL non possibile stato erano. Quindi è stato ripetuto più volte in punti diversi, per così dire, [...] quello IO molto supporti stato Sono. COSÌ IL È abbastanza sicuro IL in qualche modo più importante. [...] E l'altro altrettanto importante o molto importante, [...] anche un partner per i quali è assolutamente ovvio che entrambi abbiamo una carriera scientifica ren Fare E Quello IL non SU Costi da qualcosa altro va. COSÌ Quello Noi IL Entrambi non COSÌ Vedere, Quello Esso è chiamato, Poi Potere Uomo qualcosa altro non O COSÌ, Piuttosto con stesso atteggiamento fare scienza".

Una buona connessione istituzionale consente alla signora Behrendt, per tutto il tempo fin dal dottorato in una fitta rete di sostenitori e sostenitrici lavorare per le donne, dalle quali riceve molto sostegno e anche come a driver importante per il loro sviluppo professionale. Inoltre, riceve molta libertà nel loro lavoro per implementare le proprie idee di ricerca zen e costruisci il tuo profilo di ricerca. Lavora dalla promozione zione a posizioni con contratti a lungo termine, per i quali almeno tu offrire una prospettiva per alcuni anni. La signora Beh- rendimenti per tutto il loro sviluppo professionale.

La signora Behrendt riceve anche supporto e consulenza nella sua collaborazione. Là suo compagno

Anche COME scienziato impiegato È E IL requisitidella professione scientifica è lo scambio sul professionista Metti in campo una parte importante delle conversazioni regolari della coppia e UN più solidale fattore In la pianificazione individuale della carriera delle donne Behrendt. Signor Behrendt È UN più uguale Compagno, IL si Sopra anche principalmente responsabile dell'assistenza all'infanzia per lunghi periodi di tempo si occupa. La coppia negozia il lavoro familiare in base alle esigenze. Donna Behrendt è un po' più grande del suo compagno, cosa che lei vede come un vantaggio. Lei è la prima della relazione a completare gli studi e il lavoro di qualificazione dieci e poi, con la sua nomina a professore, depone il definitivo responsabile per la residenza familiare. 3

Da entrambi i partner che condividono i loro obiettivi professionali tra loro e tra di loro sostenersi a vicenda nelle loro ambizioni professionali, la coppia nel caso Behrendt alla Wissenschaft come "joint venture" A. Nonostante gli stessi obiettivi, afferma la signora Behrendt nella sua autodescrizione praticare una strategia di carriera diversa per se stessi che per il proprio partner. nella delimitazione lingua A del loro Proprio orientamento al potere descrive Lei tuo compagno COME

---

3 Tuttavia, nella sua autodescrizione, quest'ultima non è solo descritta come di supporto, ma anche descritto come una perdita di flessibilità spaziale e temporale. Lo giustifica dicendo che il domicilio comune della famiglia sia trasferito nel luogo di lavoro e tutto quanto la responsabilità quotidiana per le preoccupazioni dei bambini ricade sulla signora Behrendt, mentre questa Prima suo compagno essenziale accettato ha.
più motivati in termini di contenuti e con un interesse professionale per Per diventare uno specialista nel tuo

campo. Questi diversi, loro stessi strategie di carriera reciprocamente complementari sono ciò che sono nella descrizione Lo studio della signora Behrendt consente a entrambi di continuare le loro attività professionali perseguire con successo; che l'attenzione al contenuto del partner fortunatamente uno conseguenza fuori da IL speciale dinamica Di coppia È,resti incluso ignorato.

Il signor Behrendt, che tiene d'occhio la coesione familiare, si adatta la sua ricerca di lavoro alle circostanze create dalla signora Behrendt. Lui si limita parzialmente nella ricerca di un lavoro e sceglie quelli professionali Opportunità affinché la famiglia possa continuare. Il partner ha aperto SU Questo Modo UN spazio libero per Donna Behrendt, In al Lei apparentemente spensierato nel interesse la sua professionale progresso atto, interessante Posto assumere E particolare posizioni di stato raggiungere Potere. Il fatto che entrambi i partner "tirino nella stessa direzione" lo è dieci squilibrio, IL Dopo anni Espressione In Donna Behrendt

trova "una cattiva coscienza", [4] è chiaro che il signor Behrendt in relazione non esprime insoddisfazione per la propria carriera professionale. Aprire- ovviamente non capisce il proprio sviluppo professionale in competizione a quella del suo compagno e, guardando indietro, non ha la sensazione tecnicamente di aver rinunciato a particolari opportunità professionali. La signora Beh rendimenti E suo compagno dimostrare si con esso COME *professionalmente complementare* , IL gestirlo nonostante le condizioni istituzionali richiedano flessibilità, a Partnership paritarie basate sul successo professionale di entrambi i partner guidare la società e una doppia carriera, anche in senso romantico rendersi conto.

Sebbene Donna Behrendt E suo compagno così come nel professionale COME Anche raggiungere un alto livello di soddisfazione nella sfera privata anche con essi "limiti di fattibilità". Anni di pendolarismo sono avanti soprattutto un peso quando il tempo per la famiglia è molto scarso e non è più regolarmente disponibile a causa delle distanze eccessive. A- diventa chiaro che una vita – come quella della coppia Behrendt – è una impegno logistico e progettuale molto elevato. Ancora e ancora Viene verificato e concordato se e in che misura entrambi i partner (e il bambini) sentirsi a proprio agio nella situazione attuale e com'è professionalmente e con della famiglia continua. Il frequente scambio comunicativo porta a Quello Esso uno altezza accordo In IL interpretazioni da Donna E Sig

---

4 La signora Behrendt in realtà vorrebbe avere una partnership paritaria in cui entrambi i partner possono realizzarsi professionalmente e assumersi la responsabilità della famiglia uomini. Teoricamente, non vuole limitare la libertà professionale del suo partner e sollevarlo dalle faccende familiari. In realtà, però, il signor Behrendt sta già subentrando subito dopo la nascita del primo figlio più responsabilità legate alla famiglia e riporto molti Anni IL responsabilità primaria per IL cura E educazione di Bambini.

"Sotto pressione ...!?" Biografico orientamenti da scienziati 127

Behrendt per quanto riguarda la vita insieme. Questo è con gli altri non accoppiarti costantemente il caso.

4.2.3 *In piccolo passi Dopo Sopra (Caso 2: puntatore)*

Il secondo caso presentato è simile al caso Behrendt per una scienza senschaftler che condivide con lei la sua vita professionale In IL Scienza Fare compagno tracciato (per favore, riferisci Sezione 4.5.2). Nel Contrariamente al primo caso, la signora Zeiher e il suo compagno non hanno figli. Donna Zeiher professionale orientamento dirige si solo SU Scienza COME "Calling" - si vede come una persona dedita esclusivamente al contenuto di una professione e non per il suo stato interessato.

"È appena successo perché è solo una carriera. [...] Per me non era adesso l'obiettivo di diventare un professore a un certo punto... volevo solo continuare a fare ricerche. [...] È stato particolarmente importante che tu abbia sempre lavorato molto diligentemente sia durante il dottorato che era anche durante la posizione postdoc e aveva come obiettivo, ma nella ricerca rimanere. Ho provato ad acquisire io stesso fondi di terze parti [...], quindi prima il postdoc Lavoro fuori da pensare Proprio sovvenzioni, E Anche IL posizione di abilitazione In realtà."

L'orientamento all'azione della signora Zeiher può essere meglio descritto come "Politica di piccoli passi". Senza una cattedra come obiettivo fin dall'inizio in mente, la signora Zeiher pianifica passo dopo passo il suo sviluppo professionale modo. Mentre Lei SU uno posizione È, ha Lei IL Prossimo palcoscenico Già negli occhi. Il tuo orientamento professionale non è basato sul prestigio alcune posizioni, ma nel cambiamento permanente e miglioramento della propria posizione professionale. Le azioni professionali di La signora Zeiher è altamente adattabile alle esigenze e carattere del sistema scientifico. Ne conosce il principio pien esattamente e si descrive come laborioso e orientato agli obiettivi. Alla loro La pianificazione della carriera comporta molte iniziative personali. Si applica sempre in tempo utile tig e in più posti contemporaneamente. Nelle sue applicazioni lo è molto flessibile. La signora Zeiher crea più volte i propri posti di lavoro , presentando candidature per i propri progetti e utilizzando i fondi raccolti anche la sua posizione è finanziata con fondi propri. la tua passione per Il contenuto della loro attività è in la loro autointerpretazione del motivo per cui esso non richiede alcuna forza per superare, in termini di requisiti e prestazioni gene uno carriera scientifica Esattamente "corretto" A atto. Donna puntatore riceve esclusivamente la motivazione centrale per lo sviluppo della loro carriera lich fuori da il loro contenuto interesse e non, Come Donna Behrendt, Anche raggiungendo posizioni decisionali. La tua rappresentazione di la carriera scientifica come "carriera" implica che in un certo senso non ne hanno un'altra scelta ha che salire al rango di professore.

Sullo sfondo del fatto che è già una professoressa, lavora in lei Autodescrizione come persona "che vuole solo continuare a fare ricerca" relativamente modesto. Questa autodescrizione non è casuale: As arrampicatrice educativa, non inizia la sua carriera con lo stesso materia naturale ovviamente come la signora Behrendt. Per non correre rischi gallina E possibilmente senza Offerta stare a guardare sviluppato si Donna puntatore Presto al imprenditore del loro Se stesso E finanziato Tutto suo Incarichi fino a una cattedra sulla raccolta fondi per la ricerca. Per La signora Zeiher lo considera un motivo centrale nell'occupazione lavorare in cui sono relativamente indipendenti dai superiori Potere.

In questa attività professionale, la signora Zeiher corrisponde quasi completamente a un'immagine dello scienziato come imprenditore autonomo, a cui il crescente sistema scientifico orientato all'efficienza e alla concorrenza. cut è: una persona autosufficiente e adattabile son, che conduce ricerche relative a progetti finanziate da terzi. Contemporaneamente La modestia legata all'origine della signora Zeiher diventa necessaria Strategia. A differenza della signora Behrendt, la signora Zeiher non mostra nessuno all'esterno volontà di potenza. Non rivendica l'ascensione o l'influenza voler prendere - caratteristiche comportamentali che hanno maggiori probabilità di essere concesse agli uomini diventare. La signora Zeiher rimane modesta nei confronti dei suoi colleghi e è equivalente a con esso IL previsto "femminile" connotato comportamentale dipingere. Questo ritiro del contenuto può essere necessario per nel campo delle scienze naturali dominato dagli uomini, divenne sicuro come scienziato.

Il percorso professionale della signora Zeiher è caratterizzato da un susseguirsi di diversi diverse professioni in cui svolgono la ricerca che è di loro interesse può realizzare. Già all'inizio della sua carriera e successivamente ha sponsor e colleghi che lei nella loro impresa e ai quali hanno un legame sociale stretto resta in contatto. Proprio all'inizio della tua carriera, durante il dottorato, il suo supervisore di dottorato la incoraggia a farlo andando all'estero rendere più indipendente. Ma ciò di cui beneficia di più è l'esperienza la sua più vecchio partner. Questo consiglia Lei COME esperto uno simile per campo di ricerca in termini di contenuto e strategia.

"Tuttavia, penso che fosse più comodo per me che fosse un passo avanti era. Ma questo significa anche che hai lo svantaggio di non vivere quasi mai in un mondo la lunghezza è, infatti. Ma ancora, [...] probabilmente è stato anche piuttosto stimolante- ren. [...] Mi ha anche dato un enorme supporto nello [...] scrivere le mozioni. Lui ha [...] mi sostenne e disse [...] che si poteva tentare di ottenere una posizione di abilitazione ricevere, e come ho detto, ma per candidarti tu stesso per la posizione.

La signora Zeiher è lo stretto incastro dei rapporti di coppia e del lavoro retribuito Attraverso suo Proprio Genitori fidato. IL Genitori – senza accademico final se – hanno lavorato a stretto contatto per molti anni e Giusto nel Professione supporti. Nel Differenza Inoltre perseguire Tuttavia Donna E Signor puntatore individuale professionale Obiettivi. IL reciproco Supporto mira a rendere possibile il raggiungimento dei propri obiettivi. Signor Zeiher, che all'inizio della relazione di coppia aveva già una carriera importante Sprung non è solo partner e collega della signora Zeiher, ma anche modello e mentore. La sua carriera di successo la mostra esemplare modi per suo proprio sviluppo professionale e offre la signora Zeiher Orientamento. Beneficia dell'esperienza del suo partner, che un campo di ricerca molto simile nei loro contenuti e nella loro carriera riprogettazione lavorare a Pagina stand. Con la sua nomina a professore La signora Zeiher raggiunge professionalmente il suo partner; li ha segnati una svolta in Rapporto delle posizioni professionali della coppia.

La coppia impiega molti anni per realizzare i propri obiettivi professionali individuali Fasi della relazione a distanza in acquisto. Distanze maggiori sono di entrambi hanno accettato, anche se questo riduce la vita insieme come Paio Significare. Anche IL tregua IL mettere su famiglia consente IL Continuazione della pratica relazionale individualistica. La legittimità per questi tagli netti nella vita privata e/o familiare è nel Passione con cui la signora Zeiher descrive il suo atteggiamento nei confronti del suo lavoro. lei è la giustificazione e la legittimità della loro vita al di fuori del lavoro passa in secondo piano. Anche se la signora Zeiher ha le idee chiare al riguardo che non scenderebbe a compromessi professionalmente per il rapporto di coppia de, diventa chiaro che la vita tra due città non è permanente è facile. L'enorme quantità di lavoro con cui entrambi i partner sul loro sedie affrontato Sono, E IL Largo distanza fra tuo i rispettivi luoghi di lavoro e di residenza rendono il pendolarismo "troppo faticoso" e far sì che la coppia si riunisca un massimo di tre fine settimana al mesevede. Mettendo in chiaro a entrambi i partner che lo faranno solo per pochi anni e non può sopportare, a lungo andare, l'instabilità di questo rapporto disposizioni alimentari. IL Offerta la sua partner Lei Potevo in ogni momento fuori da lasciare il lavoro quando "diventa troppo" non è quello che fa una donna Zeiher desidera. Sullo sfondo del suo avanzamento professionale piuttosto è chiaro che il signor Zeiher vede professionalmente sua moglie come la sua allieva, ma non come pari professionali. [5] Di conseguenza, la signora Zeiher è la nige che afferma di affrontare la situazione attuale molto meglio di te partner cercando di superare un numero ridotto di regolari reciproco Visita Stabilità In suo relazione a Portare.

---

5 Abbiamo visto più volte questa forma di offerte da parte dei partner alle loro mogli nel visualizzazioni trovato. Insieme fare riferimento Lei SU UN problema di riconoscimento IL Uomini di fronte tuo professionalmente partner di successo.

4.2.4 *Cercare Dopo Sicurezza (Caso 3: Lehnert)*

In contrasto con i primi due casi, che indicano il predominio nel professionista il terzo caso ne è un esempio orientamento al Obiettivo IL Compatibilità da Professione E Famiglia (per favore, riferisci Sezione 4.5.3). La visione della scienza come vocazione riceve sem caso un significato diverso ed è accompagnato da dubbi circa il Compatibilità dell'occupazione scientifica con la famiglia, attraverso domande di sostentamento e la pianificazione di lavoro e famiglia aggiunto.

"Mi ha mostrato qual è il bello della scienza. Quello il suo Proprio progetti perseguire Potere E semplicemente Questo incredibile Libertà ha E fondamentalmente facendo ciò che ti piace ogni giorno. Questo è un privilegio incredibilmente lavoro legato, trovo. E arriva al prezzo di non essere in grado di sbarcare il lunario finanziariamente sicuro dentro stabilire Potere SU uno abbastanza, abbastanza desiderio Visualizzazione. E per Me possibile Mai. Bene, arrivare alla cattedra non è affatto la mia ambizione. Così io volevo per me In realtà Sempre volentieri uno nicchia nel edificio centrale cercare Volere."

Donna Lehnert interpretazioni al Scienza COME campo di attività Sono da Segnata dagli opposti, manifestata come indecisione anche in lei trovare la storia della carriera. Da un lato c'è la signora Lehnert di Cha- attore del lavoro scientifico molto convinto e lo descrive come uno creativo E vario Compito, IL Lei molto volentieri eserciziLe piace il lavoro scientifico e soprattutto quello sostanziale Apprezza molto la libertà di questo lavoro. Dall'altra lato, la signora Lehnert osserva ripetutamente che la sua foto è di a ing attività oltre al lavoro contenutistico-creativo anche attraverso a viene determinata l'abilità con il tempo della famiglia e una fonte di reddito redditizia. La signora Lehnert vede queste condizioni nel lavoro abituale condizioni nella scienza che sono sulla strada per una mappa scientifica Rif A laureato Sono, non soddisfatto.

Uno sguardo alla carriera della signora Lehnert mostra che entrambi la situazione iniziale così come il percorso di carriera non sono progettati senza ostacoli dieci. La signora Lehnert inizia come scalatrice educativa con meno cultura Capitale e incontra già le condizioni durante il suo dottorato che Iniziato In IL scientifico Lavoro rendere più difficile. Lei dottorato di ricerca SU una borsa di studio, non ha quasi nessun contatto con il suo supervisore di dottorato e deve chiederglielo finanziare il terzo anno di dottorato attraverso commissioni di lavoro e altri lavori. Dopo aver completato il suo dottorato, la signora Lehnert riceve solo un contratto di un anno. IL la situazione lavorativa precaria durante e dopo il dottorato dipende da te Necessità di pianificare e mettere in sicurezza la famiglia e la convivenza con il compagno. In previsione della prossima famiglia Durante il suo periodo di postdoc, la signora Lehnert inizia una posizione al di fuori di della scienza per cercare il suo orario di lavoro regolare e a lungo termine prospettive occupazionali offerta Dovrebbe. IL nascita del loro Bambini si muove il desiderio di avere tempo al di fuori del lavoro e finanziariamente sicuro essere al centro delle loro idee di lavoro soddisfacente. La posizione dell'attività all'interno o all'esterno della scienza quindi secondario. L'indecisione professionale della signora Lehnert L'orientamento è evidente anche negli anni in cui erano in ambito scientifico azienda è impiegata: Riconosce quanto sia importante il contenuto relativo lavorando come scienziato, e tornerà dopo lo scioglimento dell'azienda ritorno al lavoro scientifico. Da allora è stata in corto pigro come impiegato part-time e non vorrebbe abbastanza per lavorare a tempo pieno. I rapporti di lavoro saranno Corrispondenza (prospettica) alla vita familiare selezionata, con il locale e fissazioni temporali di Le condizioni di lavoro sono fondamentali.

IL professionale Atto da Donna Lehnert È attraverso questo caratterizza Quello Lei professionale occasioni cerca E percepisce senza completamente dopo volere sopra. Sebbene la signora Lehnert si senta chiamata alla scienza, segni si suo percorso di carriera Attraverso cambio di lavoro E uno certo Indecisione. Questa indecisione deve essere vista anche come *espressione di strutturale precarizzazione* scientifico rapporti di lavoro inteso diventare. attività SU uno perpetuo Lavoro In part time – come desidera che la signora Lehnert dopo la nascita dei suoi figli - sia dentro sistema scientifico non destinato. Simile Come A Donna puntatore riceve l'idea di una vocazione scientifica ha un significato diverso per la signora Lehnert zione: è limitato al contenuto senza avanzamento e voler realizzare la presa del flusso. A differenza della signora Zeiher, vede Tuttavia – per colpa di del loro orientamento SU Famiglia E convalida – Sotto le condizioni date nella scienza, nessuna professionale Futuro.

"IO dovere onesto Dire, Quello IO IL Godere Entrambi A Avere E Anche Veramente Di più avere tempo per i bambini. E la posizione part-time mi si addice molto bene. Io ho a volte la sensazione che mio marito abbia meno problemi con esso, ora a tempo pieno posto da riempire e poi fare meno delle altre cose. Ma lui dice lui avrei anche voglia di girarlo, e poi lo farei e basta tentativo con IL Lavoro a tempo pieno, Se IO IL Ottenere. IL È Ma molto improbabile."

Dopo il dottorato e la nascita dei suoi figli, la signora Lehnert la inizia trasferire alcune delle loro ambizioni professionali al loro partner. tu con- struttura la loro carriera come non lineare e lascia l'obiettivo ha diretto la sua ricerca di una cattedra a suo marito, che lei sostiene affermarsi nella scienza a lungo termine. Due carriere nella scienza per realizzare e avere una famiglia, appare la signora Lehnert non possibile per esigenze lavorative. Invece, lei spera che lei Mann presto una posizione a vita come professore dopo l'abilitazione di successo riceve e sostiene la sua carriera scientifica da cura IL Bambini soprattutto prende il sopravvento. Là IL prevedibile FINE IL compagno di lavoro la sua partner si sta avvicinando e Signor Lehnert non ha ancora ricevuto una reputazione La signora Lehnert deve fare domanda per un lavoro a tempo pieno che non desidera occupazione tieniti pronto in giro "se necessario" IL Famiglia A finanza. IL La sua compagna afferma che, in caso di dubbio, anche lei è la capofamiglia della famiglia Essere Potere, mette Donna Lehnert Da IL mettere su famiglia rafforzato Sotto Stampa.

IL idee di famiglia da Sig Lehnert Sono Attraverso il suo Genitori, IL Entrambi impiegato erano, a forma di E A uno pretesa di uguaglianzaallineato. Le difficoltà per il suo percorso professionale sono sue Donna conosciuta perché dopo la nascita dei figli lavora "solo" part-time e si assume la responsabilità primaria del lavoro di cura. L'incarico Tuttavia, trova il ruolo di capofamiglia principale un peso perché ha il suo lavoro con al rischio legati insieme vede, non per andare avanti cioè NO per ottenere una cattedra. Il signor Lehnert preferirebbe ridurre il rischio a due per distribuire le persone, cioè lui *e* sua moglie. Usando l'esempio di un rifiutato esima offerta di lavoro alla coppia – con cinque anni di impiego in la stessa città – dove ha ottenuto un posto di assistente in giovane età gruppo e avrebbe ottenuto una cattedra con poche ricerche Il signor Lehnert chiaramente che sua moglie assumerà il principale capofamiglia ruolo declina. Allo stesso tempo, assume meno lavoro familiare del suo Moglie, cioè si prende cura dei figli in casi eccezionali o insieme ai suoi

Donna che si prende cura di tutti gli appuntamenti regolari. Se ne pente, nessuno aver usufruito del congedo parentale e talvolta ha difficoltà a farlo essere coinvolti nella cura dei bambini.

Contrariamente alla loro pretesa di agire alla pari nel lavoro e nella famiglia vogliono, la signora e il signor Lehnert realizzano una tradizionale divisione dei compiti, in cui il signor Lehnert è il principale capofamiglia e la signora Lehnert è un ulteriore capofamiglia badante è. È molto chiaro che il lavoro precario situazione dei coniugi Lehnert, vale a dire che l'ulteriore sviluppo professionale di entrambi Il partner al momento del colloquio non è chiaro, considerato da entrambi un pesante fardello si fa sentire. La precarietà lavorativa viene trasferita al e si esprime nell'insoddisfazione di entrambi i partner per la corrente dovuto divisione dei ruoli fuori da. IL Chiedere, Come IL Compiti distribuito diventare dovrebbe, non è stato finalmente chiarito per la signora e il signor Lehnert quale sia il rapporto disposizione del cibo fa sentire la coppia insicura.

4.2.5 riconoscimento In Professione E Famiglia (Caso 4: Thiel)

Il quarto caso rappresenta una scienziata con una famiglia dominante enorientation, che accetta compromessi piuttosto che privati (essi vedere la sezione 4.5.4). Si assume la piena responsabilità per suo figlio e assegna un ruolo secondario al proprio partner nella cura dei bambini. Professionalmente È Lei molto riuscito E sta lavorando SU uno ditta Lavoro. Nonostante le somiglianze nell'orientamento familiare, il caso differisce in modo diverso diversi aspetti della signora Lehnert: Ecco come farà la signora Thiel garanzie funzionali possibili per accorciare il loro orario di lavoro a lungo termine e autodeterminato per quanto riguarda la compatibilità tra lavoro e famiglia è corretta essere flessibile.

"Ho sempre la sensazione di non riuscire a finire tutto qui come posso vorrei, ea casa esattamente lo stesso. È importante che tu lo accetti te stesso e che stabilisci le priorità. La mia priorità è la famiglia e la mia Bambino. E finché faccio le mie cose correttamente qui e ne ho l'impressione il quadro generale è corretto e anche i miei dipendenti studenti si stanno sviluppando e andare d'accordo con il loro lavoro, allora va bene lo stesso. Devo Io stesso poi continuo a ripensare e scendere a compromessi. [...] Professionalmente. tamponi professionalmente, Privato Vorrei NO tamponi Fare."

La signora Thiel apprezza molto il suo lavoro di scienziata. nell'argomento mento delle sue ambizioni professionali, la signora Thiel presenta il contenuto dei rispettivi progetti e posizioni genetiche, nonché le possibilità di ricerca indipendente in primo piano. La scienza offre alla signora Thiel un campo professionale In che trova compimento, ma anche rispetto.

Quest'ultimo è stretto per loro il raggiungimento di determinati incarichi e titoli. Anche se lei Avanzamento di carriera attraverso un impiego pressoché ininterrotto nella scienza distinto, la signora Thiel non ha perseguito l'obiettivo fin dall'inizio in grado di restare. All'inizio della sua carriera lavora per pochi mesi in una società privata. La decisione di La promozione è stata spinta anche dal suo partner. Mr. Thiel - lui stesso un medico torand, quando i due diventano una coppia - incoraggia la signora Thiel a lei dissertazione anticipata. Le ragioni, successive ad un altro alto- Cambiare scuola e iniziare la tua abilitazione lì non lo farà ulteriormente discusso; ma la decisione, l'abilitazione iniziata nonostante ritardi Attraverso legati alla famiglia interruzioni e di cambiale SU uno perpetuo Lavoro A suo argomento A FINE. Là teme che la sua posizione di consigliere accademico si tradurrà in troppo lavoro dover esercitare in forza della propria qualifica ("mansioni di segreteria"), l' Lei da appagante Lavoro Mantenere speranze Lei Attraverso IL Raggiungere IL Abilitazione successivamente nominata professore onorario presso la sua università diventare.

"Quindi z. B. l'abilitazione non deve essere completata nel 2011 o nel 2012, ma altro allora sarà il 2014 o completata nel 2015."

Le azioni professionali della signora Thiel sono paragonate agli altri casi len Attraverso uno serenità segnato. Lei vede del loro professionale Guardando al futuro spensierato, dandosi tutto il tempo per portare a termine il suo tesi di abilitazione e utilizza le possibilità di riduzione dell'orario di lavoro,dedicarsi ancora di più a suo figlio e uscire dalla micropolitica questioni di istituto tirare fuori. Nonostante la sua gapless percorso di carriera solleva la signora Thiel non pretende di essere risoluta. Nel centro di Non c'è alcuna descrizione del suo impiego, come nel caso della signora Lehnert, che guadagnare denaro o assicurarsi una famiglia; in relazione al professionista Per loro, l'autorealizzazione è sinonimo di valori come indipendenza e assunzione di responsabilità.

vedere la compostezza della signora Thiel nella pianificazione della carriera al contesto istituzionale e partenariale in cui operano le loro figure professionali la storia è incorporata, capisci. Il contesto istituzionale in cui la Sig Thiel completa il suo sviluppo professionale caratterizzato da un lato grazie alla buona integrazione nell'istituto, le posizioni con comparativamente lunghi periodi di contratto e il supporto pluriennale del proprio medico torvater, che ti incoraggia fin dall'inizio a stabilire le tue priorità di ricerca, E Lei Anche Dopo IL promozione Inoltre professionale E strategicamente consiglia.Fin da bambina la sua assenza tra i colleghi era vista come una mancanza conosce il valore del suo lavoro. Lei apprezza il suo contributo sostanziale al dipartimento come importante e insostituibile. IL condizioni professionali delle scienze tecniche in cui dipendente sono generalmente ben equipaggiati, ammette la signora Thiel, nel complesso due anni di congedo parentale senza perdere lo status professionale temere.

Anche nella sua collaborazione, la signora Thiel è informata a più livelli. supporta: Da un lato tira IL compagno A tuo posizione e cerca lì un nuovo lavoro; d'altra parte li può a causa dello stesso Qualifiche professionali. Il reddito costantemente alto uomini di Mr. Thiel rappresenta una salvaguardia per Ms. Thiel. Su un altro livello, con l'assistenza all'infanzia, la signora Thiel rifiuta il sostegno il suo partner, invece. Rivendica questo compito solo per se stessa stabilito con il suo partner dopo la nascita del loro bambino modello di relazione conservativo in cui la distribuzione dei compiti tra i genitori è tradizionalmente giustificato in termini di genere. La signora Thiel descrive il Professione la sua partner IL In IL settore privato impiegato È, COME l'unico Impiego non compatibile con responsabilità di assistenza all'infanzia lascia, cioè non deve essere interrotto per un congedo parentale perché suo Il lavoro retribuito porta più reddito e, inoltre, anche per il ogni giorno Cura (per colpa di uno Basso flessibilità dell'orario di lavoro) soltanto molto limitato compatibile È.

In totale incontra Donna Thiel IL gran parte IL decisioni entro la famiglia. Lei stessa organizza e si prende cura dei bambini Responsabilità primaria per il bambino comune. Questa famiglia tradizionalemodella è dovuto all'orario di lavoro flessibile a sua disposizione consente. Signor Thiel diventa con esso contemporaneamente COME "capofamiglia" con-strutturato. Il suo ambizioni, si fuori da Trovato IL insoddisfazione lavorativa nel Primo età Di bambino Anche A IL tempo genitoriale A partecipare, Chi-quella della signora Thiel respinta. Signor Thiel, chi sentiero del letame Anche In IL scienze ingegneristiche dottorato di ricerca ha, È In insoddisfatto del suo attuale lavoro nel settore privato. La sua corrente Descrive l'attuale situazione lavorativa come molto stressante e sta sempre al gioco l'idea di dimettersi dall'incarico. Tuttavia, non denuncia calcestruzzo riorientamenti O tentativi di uscita. Simile si comporta preoccupato per il suo coinvolgimento nella famiglia e le responsabilità di assistenza lui solo su richiesta della moglie. Non ha usufruito del congedo parentale lavora a tempo pieno e fa gli straordinari – In di solito non lo è prima dei 19 anni orologio a casa. Sebbene critichi la tradizionale divisione dei compiti, lo è ma non un'opzione attiva per la signora Thiel. Il rapporto tra il signor e Donna Thiel È in totale Attraverso uno *complementare asimmetria* segnato disegna; cioè con tutte le dichiarazioni sul suo partner sottolinea la signora Thiel IL differenza per te stesso (e viceversa).

presi insieme dimostra si Donna Thiel COME

Intelligente Manager, IL Esso crea si non soltanto professionalmente utilizzando i loro colleghi, ma anche organizzare una rete di supporto privatamente attraverso il suo partner che sostiene le sue scelte di vita. L'apprezzamento del loro lavoro richiede i suoi colleghi, lei in tutti i suoi desideri di maggiore flessibilità per sostenere l'orario di lavoro e le pause prolungate dovute al congedo parentale Zen. In termini di complementarità asimmetrica, si assicura tramite il Cura la sua bambino riconoscimento E Supporto la sua partner. A differenza della signora Behrendt, la signora Thiel non permette al suo partner di essere attivo integrazione In IL Assistenza all'infanzia, Piuttosto trasmette lui soltanto IL Abbandono della sicurezza finanziaria come capofamiglia della famiglia. il difficile cose Prima anche loro La signora Thiel ha ripetutamente chiesto nel corso della sua carriera dalla nascita di suo figlio, affronta una chiara serie di priorità lingua. Il suo forte orientamento familiare la porta a concentrarsi professionalmente sul concentrarti sulle cose più importanti, cosa che puoi fare riuscito.

4.3 Scienza fra Professione E vocazione

IL casi clinici, IL nel seguente comparativo discusso diventare, mostrano gli orientamenti di carriera ampiamente diversi delle scienziate e indicano una diversa ponderazione dell'attività lucrativa e vita familiare degli intervistati. Nelle autodescrizioni chiaro che l'etica scientifica menzionata nell'introduzione è ancora efficace e le azioni professionali delle scienziate ne guide. Tutti e quattro gli scienziati si rivolgono a un interiore funzione al Scienza, Tuttavia capire Lei sotto diverso contenuto te, atteggiamenti e metodi di lavoro, come mostra la figura seguente (uno Riepilogo IL rispettivo professionale E orientamento familiare trova si In Figura 4.2).

La ricostruzione dell'orientamento professionale e del comportamento delGli scienziati Ms. Behrendt e Ms. Zeiher arrivano in termini di contenuto il senso della vocazione elaborato da Beaufaÿs (2004). Nel Nel primo caso, l'origine dello scienziato favorisce un orientamento alla carriera designazione, IL con un atteggiamento professionale e l'immagine di sé della scienza come vocazione e la ricerca risoluta di propria carriera e una comprensione emancipata dei ruoli in relazione a lavoro familiare più facile. Nel secondo caso, l'attenzione è sulla conoscenza senschaft come vocazione con l'obiettivo di uno status paritario con i più anziani, scientifico riuscito compagno lungo. Entrambi scienziati sono molto coinvolti nel loro avanzamento professionale (ad es proposte di ricerca) e sentirsi chiamati al lavoro scientifico.Tuttavia, entrambi hanno condizioni speciali che lo rendono possibile per loro chen, la professione scientifica come vocazione a vivere.

Nel primo caso, l'alto impegno del partner in famiglia lavorare per garantire che il lavoro quotidiano della signora Behrendt in realtà di tutto ciò che non serve direttamente all'avanzamento professionale, "liberamente nigt" (Beaufaÿs 2004: par. 5). Il partner abilita la signora Behrendt dedicarsi alla propria professione allo stesso modo del proprio orientamento professionale corrisponde senza dover fare a meno di una famiglia. Questi diversi ricorda le strategie di carriera della signora Behrendt e del suo partner - con Eccezione all'attribuzione di genere - anche alla distinzione varie strategie di carriera di Bock e De Jong (1994; citato da van Doorne-Huiskes/den Dulk/Peper 2005: 50 seg.). Strategia di carriera della donna Behrendt corrisponde a una "strategia di carriera" con cui De Jong si impegna un lavoro a tempo pieno, cogliendo opportunità, ambizione, inizia-azione attiva e rendere visibili le proprie capacità. Questo La strategia implica che lo sia una certa libertà per la propria carriera ben, come è più comune negli uomini. La strategia di carriera di Il signor Behrendt, d'altra parte, mostra segni di una "strategia professionale". ing, vale a dire una maggiore attenzione ai contenuti e un livello inferiore di resse sui compiti organizzativi della vita lavorativa quotidiana. modello di associazione le, che consentono un forte orientamento professionale, sono state a lungo remunerative Fare uomini Riservato E Trovare si Sotto scienziate soprattutto se hanno figli, ancora oggi è ancora raro (cfr. Hess/ Rusconi 2010).

Anche nel secondo caso lo scienziato segue me un focus esclusivo sul suo lavoro. Posa con l'aumento il successo della professione attraverso la partnership e si muove insieme a suo Compagno, IL Anche COME Professore impiegato È, IL fondazione uno amore per la famiglia Come imprenditrice autonoma, la signora Zeiher si fa professionale Il successo è responsabile di sé e si adatta anche alle sue azioni nella sfera privata ai requisiti professionali. L'infanzia come strategia per o come La conseguenza del successo professionale è già insita nella scienza costantemente discusso (ad es. il capitolo

3 di questo libro; cfr. Metz-Göckel/ Möller/Auferkorte-Michaelis 2009).

Sebbene la vocazione "interiore" alla scienza includa anche l'autodescrizione esercizi degli altri due scienziati, la loro dedizione al lavoro attraverso l'orientamento familiare, le azioni quotidiane e l'orientamento concentrarsi sulla sicurezza delle loro famiglie è significativamente limitato. Quindi lo sa Sebbene la signora Lehnert sia molto interessata al contenuto, alle contraddizioni tra le esigenze della professione scientifica e la Il desiderio di famiglia porta l'intervistato a riassumere, divisione del lavoro solo una persona può fare carriera nella scienza. Attraverso il tradizionale comprensione del ruolo della coppia, la sorte ricade sul partner che sono più avanti nella loro carriera. Nel quarto caso, il L'università per lo scienziato rappresenta un campo professionale in cui possono farlo perseguire interessi sostanziali e che essi con la loro vita familiare, il gioca un ruolo centrale, può essere conciliato molto bene. L'esistente vicino Carriera- E orientamento di stato È da vicino con i fatti ver- che un reddito sicuro (posto fisso) è possibile solo in posizioni elevate le) può essere raggiunto. Entrambi gli scienziati vedono nello scientifico un lavoro che praticano in aggiunta ad altri aspetti della loro vita Potere. A suo comprensione professionale sentito Anche IL chiaro limitazione l'orario di lavoro, cioè il lavoro a tempo parziale. A causa del miglior contratto condizioni, la possibilità di un lavoro autodeterminato e, in ultima analisi, anche la posizione permanente, la signora Thiel sperimenta il suo lavoro come scienziato COME compatibile con tuo scopo In altri Aree della vita. Donna Lehnert, quelle dovute ai contratti a tempo determinato e alla collaborazione a progetti è molto più sotto pressione, vede le sue aspettative nei confronti della scienza lancia COME Professione, IL IL compatibilità con altri obiettivi nella vita, meno incontrato come la signora Thiel.

Dal momento che tutti e quattro gli intervistati avevano professionisti successo, ma non tutte e quattro le donne hanno già una reputazione come pro- ricevere una cattedra o una posizione sicura all'interno del sistema scientifico tems, nonostante le differenze di orientamento professionale zione e la progettazione dei percorsi di carriera non costituiscono esattamente cosa che orientamento presumibilmente "Meglio" per IL riuscito laureato una carriera scientifica. Gli orientamenti nel lavoro e nella famiglia sono ristretti intrecciati con il quadro istituzionale e di partenariato e guidare le attività professionali e familiari delle scienziate chiamata. Nel caso della signora Lehnert, è stato chiaramente dimostrato che dopo il nascita dei figli più fortemente sulla conciliazione tra famiglia e carriera Lo scienziato ha diretto l'orientamento nel senso dell'autoselezione ha causato il rifiuto di alcune offerte di lavoro e il partner il orientato alla carriera Obiettivi A trasferimento. Qui diventa IL professionale Anche- rinunciato al partner per la vita familiare: il ha chiesto lo scienziato passando dalla scienza al business, poi torna alla scienza part-time di cui assumersi la responsabilità primaria adottando i bambini nel modello familiare tradizionale. Questa famiglia l'orientamento è strettamente legato al tuo orientamento professionale e non lo è diverso: lo scienziato non cerca l'istituzionale posizione pianificata di un interessante lavoro postdoc come mezzo, ma fisso Lavoro. IL sistema scientifico vede UN "metà/n Ricercatore" non propone, motivo per cui cerca di trovare il suo orientamento professionale nella scienza società ritirando le proprie pretese. L'opposto può essere dovuto ad adeguamenti dell'orientamento professionale in famiglia la zona. Questi adattamenti vedono cambiamenti familiari Forme di vita, come nel caso della signora Behrendt, a causa del suo lavoro non vive nello stesso luogo con il suo compagno, o come nel caso della sig.ra Zeiher, che non mette su famiglia a causa dei suoi obiettivi professionali. il professionale Orientamento prima e durante la fase di creazione di una famiglia e il Chiedere Dopo IL professionale Sicurezza Dopo IL fase familiare Sono con esso un importante fattore di influenza per la carriera accademica (cfr Capitolo 3 In Questo Un libro).

Quando si confrontano gli orientamenti di carriera delle scienziate Inoltre SU, Quello uno fisso E chiaro ancoraggio In IL Scienza,
che lavorano a tempo indeterminato come dipendenti scientifici beiterin, porta a una diversa valutazione delle proprie possibilità COME UN Attraverso sovvenzioni O La disoccupazione ha interrotto la carriera. Sono offerti come connessione libera a lungo termine con un dipartimento Borsista nessun o solo brevissimo impiego dopo il dottorato relazioni diventa uno carriera universitaria COME incompatibile con IL professionale e obiettivi di vita valutati. Così può essere insicuro, non solidale Condizioni quadro come nel caso della signora Lehnert per cambiare il orientamento professionale e/o familiare. Qui mostra che il difficili condizioni di partenza della loro carriera scientifica nonostante elevate motivazione intrinseca ad allontanarsi temporaneamente dal sistema scientifico tem può condurre. Lo scienziato, che all'inizio che hanno meno ostacoli da superare nella loro carriera professionale, lavorano a stretto contatto con i mentori e mentori o altri sostenitori insieme gli uomini lavorano, nel corso della carriera un orientamento alla carriera sempre più forte, vale a dire una volontà di ascesa. Ecco come farà la signora Thiel sempre più importante avere una posizione adeguata alle loro qualifiche assumere, su cui riceve riconoscimento. Questo fa sì che lo facciano che nonostante la sua posizione permanente come consigliere accademico, sta

completando la sua abilitazione concludere e vorrebbe essere promosso a professore.

Confronta Uomo IL percorsi di carriera IL scienziati con quelli dei loro partner, è anche evidente che i partner di solito hanno relazioni più lunghe avere rapporti di lavoro lenti e continuativi e certamente più ottimista SU suo professionale Futuro In IL Scienza Aspetto, anche se affrontano in parte anche le incertezze causate da contratti brevi Ciò corrisponde in gran parte a quanto sopra menzionato da Jaksztat, Schin- Der e Briedis (2010) hanno elaborato i risultati sulle differenze di genere divorziato la valutazione di opportunità di carriera in IL Scienza.

4.4 Riepilogo E veduta

IL presente Contributo visualizzato IL speciale Senso IL pari progetto IL rapporto di coppia per IL realizzazione Più di successo percorsi di carriera da scienziati E Potrebbe chiaramente in che misura il istituto universitario carriere dalle donne può promuovere.

Di norma, le scienziate si capiscono rispetto alle loro partner COME professionalmente Stesso. A Alcuni scienziati consiste questa uguaglianza già all'inizio della loro carriera e può essere raggiunta tramite il La progressione di carriera può essere mantenuta. Altri scienziati dall'altro, si riorganizzano parzialmente nel corso della loro carriera, in particolare Rif Perché Lei Dopo IL promozione soltanto al di fuori di IL Scienza fisso Inserisci o trova opportunità di lavoro part-time. Altri ancora lo faranno solo Avanzamento di carriera a colleghi professionisti condividendo il loro livello professionale avanzato un partner in termini di status professionale, responsabilità professionale e vieni a prenderti. Dal momento che non è chiaro fino a tardi se l'obiettivo professionale della conoscenza attraverso una posizione permanente come professore (o scientifico che Assessore) può essere reso a tempo indeterminato, buttate le insicurezze professionali per tutte le coppie hanno un maggiore bisogno di pianificazione. Questa bozza del futuro è fatta da Da coppia a coppia configurata in modo diverso, e i partner entrano nel Ruoli del modello di ruolo professionale, il collega, il fornitore del i figli del seme o il capofamiglia della famiglia hanno ciascuno cose molto diverse Interpretazioni per lo sviluppo professionale delle scienziate. Se Gli scienziati nel loro partner sono una forza affidabile nella famiglia area e uno scambio intellettuale a livello professionale. den, possono soddisfare le esigenze di una carriera scientifica in a in un modo che consenta la compatibilità con la famiglia. un paio dina- mik, che è orientato verso obiettivi comuni generali, è con il Realizzare la propria carriera è molto utile. Il sostegno del ner può assumere forme diverse e riferirsi anche al limitare il livello professionale. In qualità di mentori e consulenti strategici, partner che supportano la scienziata nel suo avanzamento professionale zen e per esempio le loro carriere come lavoratore autonomo fare il backup.

Fino a che punto mancanza pratico Supporto Attraverso IL compagno Anche nel caso da carriere scientifiche da Donne *senza* Bambini uno ruolo gioca rimane incerto sullo sfondo delle nostre valutazioni, poiché questo non si applica a nessuno dei casi analizzati. scienziati con bambini, che non hanno supporto nell'area privata o professionale tanto più dipendente dal quadro istituzionale. Trovare hanno condizioni nel sistema scientifico che danno loro prospettive sicure e offrire la possibilità di lavorare in modo flessibile, un'azienda ideale Supportare i partner nell'assicurare il proprio successo professionale. Se non li trovi, la tua carriera nel sistema scientifico diventa un... atto sul filo del rasoio.

In conclusione, si può affermare che nella scienza predeterminato istituzionale occasioni, IL Fino a al cattedra NO prevedere un impiego a tempo indeterminato in un posto, a seconda della struttura sociale origine naturale e biografica degli scienziati e dipendenti capacità da IL rispettivo dinamica nel Paio molto diverso al disposizione IL Proprio percorsi di carriera usato diventare Potere. IL caso gli scritti mostrano che un background di classe media puramente istruita terra dato familiarità con IL scientifico metodo di lavoro NO necessario Precondizione per IL riuscito realizzazione uno rappresenta una carriera scientifica. Anche l'analisi lo chiarisce Quale ambivalenze in particolare scalatori educativi nel presente sistema di scienze genetiche per avere successo professionale e perseguire personalmente in modo soddisfacente una carriera accademica.

Le carriere scientifiche, come abbiamo dimostrato, pongono elevate esigenze menti alla sua candidatura. Da un lato, l' ethos della scienza professione scientifica come vocazione ostinata; funziona in profondità nella vita progettazione di molti scienziati. Contemporaneamente stanno aumentando oltre al requisito di un incarico accademico Richieste dinamiche di autoimprenditorialità. [6] Nel corso della veglia inviare reclamo all'occupabilità e alla capacità di nomina degli scienziati richieste fatte dagli scienziati sulle capacità di auto-convalida, Conoscenza e mantenimento dei contatti, nonché abilità strategiche nell'artigianato IL Proprio Carriera andare con uno disaccoppiamento da sforzo E Risultato, cioè H. scientifico Successo lungo E richiesto Conoscenza- ricercatori scientifici a parlare di carriere scientifiche come "fatte parlare" (cfr. Enders 2003).

Sullo sfondo delle speciali condizioni di carriera nella scienza abbiamo esaminato come le donne trovano la loro strada nella scienza intraprendere una carriera e ciò che li motiva in questo percorso verso una cattedra A perseguire. Donne, IL uno carriera scientifica sforzarsi, conoscenza in giro i requisiti speciali e agire di conseguenza; ma collidere- combinare i loro orientamenti professionali con altri obiettivi nella vita; una compatibilità di lavoro, convivenza e famiglia è dovuto al cambio di sede, al lungo lavoro volte E temporale restrizioni uno calpestato A IL età fase di qualificazione adattata difficile da raggiungere. Il sistema scientifico tem offre (ancora) poche possibilità per un cambio di sede congiunto e nessuna possibilità di un indipendente dall'età, individualizzato fase di qualificazione o promettenti posizioni dirigenziali part-time. per uno Affrontare i diversi compiti di uno scienziato occupazione Requisiti Esso attualmente Compagno, IL IL Piano IL Donne supporto. Le carriere scientifiche di successo sono particolarmente importanti Donne negato, di chi vocazione In del loro relazione di coppia vissuto diventa. In questi rapporti di coppia, le carriere scientifiche delle donne sono (con) progettati, allo stesso tempo queste coppie raggiungono i limiti della loro forza. organizzativo Richieste toriche di cambiare luogo di lavoro e lunghi orari di lavoro sono vissute come richieste irragionevoli nel lungo periodo. Donne, a loro volta, che non ci stanno forte egualitario orientata relazioni di coppia integrato Sono, trasportare IL Strutturazione del lavoro e della famiglia principalmente responsabile da solo. sei su istituzionale "nicchie" dipendente O vita senza associazione (E

---

6 Il concetto di autoimprenditore è correlato al concetto di imprenditore scientifico differenziare. quest'ultimo designato scienziato E scienziate IL si affermarsi professionalmente all'interfaccia tra scienza e affari come nella tecnologia nik- E Scienze naturali A osservare (Ginocchio/Simon 2009: 537).

famiglia) nel senso tradizionale di luogo comune di residenza e mio trascorso il tempo libero.

Il successo professionale delle scienziate è quindi presente strettamente legato alla presenza di partner sostenitori e non tramite regole istituzionali garantite dalla scienza. Il sub Il supporto per i partner può assumere molte forme e variare a seconda dai progetti di vita delle coppie all'area professionale o concentrarsi sulla vita privata. Per il successo professionale della conoscenza Tuttavia, è attualmente il caso che coloro che hanno particolarmente successo di chi partner con loro "insieme Per fare carriera".

4.5   Allegato: brevi descrizioni IL casi

4.5.1 *storia professionale E struttura sociale caso 1*

A 40 anni, la signora Behrendt è leggermente più grande del suo partner. Lei è una persona sociale senschaftler e ha il dottorato e l'abilitazione in questa materia completato. Al momento del sondaggio, la signora Behrendt lavorava come professore sorin. Il tuo partner è un dottore in scienze naturali che viene intervistato tempo A uno Istituto di ricerca A il suo abilitazione sta lavorando. IL La coppia ha una doppia carriera. Il rapporto di coppia tra donna e uomo Behrendt ha iniziato poco dopo la signora Behrendt e esiste da circa 15 anni. La coppia ha due figli che hanno meno di dieci anni anni Sono.

Da quando hanno ottenuto i loro titoli universitari, entrambi i partner hanno scientifico senza scuse lavorato. Anche erano entrambi quasi continuamente SU mutevole temporaneo Posto occupato, con IL Eccezione IL Congedo di maternità di meno di sei mesi dalla signora Behrendt e uno ogni brevissima fase di disoccupazione di entrambi i partner è diversa punti temporali. Mentre la signora Behrendt stava facendo le sue ricerche in una scuola di specializzazione inizia la carriera scientifica, il sig. Behrendt lavora ininterrottamente Posizioni a tempo pieno finanziate da terzi o di base. Dal mio dottorato entrambi i partner a posizioni conosciute attraverso un contratto più lungo sono firmati (più di cinque anni). La signora Behrendt descrive le sue posizioni come come, SU quelli Lei parente indipendente E gratuito ricerca Potevo E allo stesso tempo molto sostegno positivo attraverso l'incorporamento istituzionale del loro attività e dai loro

superiori così come dagli sponsor dieci ha. La signora e il signor vivono e lavorano fino alla nascita del primo figlio Behrendt in luoghi diversi per molti anni. Per la nascita del primo Bambino, determinano un luogo di residenza comune, che si basa sul luogo di lavoro da Sig Behrendt cascate E A al IL comune Bambini vita. Donna
Behrendt fa il pendolare per molti anni e fino a quando non assume la cattedra al loro posto di lavoro. Successivamente, la coppia ha smarrito quello comune residenza principale nel luogo di lavoro; ora il suo partner fa il pendolare. Signora Behrendt ha una formazione scolastica. Entrambi i genitori erano occupati e impiegato in posizioni di leadership nella scienza. In famiglia da Sig Behrendt ha IL Padre uno accademico Formazione E Èimpiegato, IL Madre era In IL Primo dieci anni di vita IL Bambininon funziona.

4.5.2 *storia professionale E struttura sociale caso 2*

La signora Zeiher ha quasi 40 anni e nove anni meno del suo partner. Lei si è laureata in scienze naturali, dottorato quarto e abilitazione. Al momento del sondaggio, la signora Zeiher e lei Partner entrambi come professori nella stessa materia. Si sono conosciuti nella fase di dottorato della signora Zeiher, quando entrambi erano allo stesso scientifico istituto e il signor Zeiher ha appena completato la sua abilitazione. Il rapporto di coppia consiste Da più di dieci anni.

Senza eccezioni, la signora Zeiher ha lavorato nel campo della scienza. lei inizia tuo percorso di carriera in europeo All'estero, dove è cresciuta e ha conseguito il titolo universitario. A quasi due anni dalla laurea Infine si trasferisce in Germania, inizialmente come ricercatrice collega A lavoro E Poi UN Studi di dottorato documentazione. Dopo Diploma del loro promozione sta lavorando Lei senza soluzione di continuità SU mutevole, Posizioni postdoc temporanee in varie sedi. Su questo Può fare ricerche in modo relativamente indipendente. Ci riesce grazie a sottopone le proprie proposte progettuali e seleziona i temi principali che esse interessato. È sempre ben radicato istituzionalmente. Ha un grande ßes rete professionale e riceve molto sostegno, soprattutto all'inizio la sua carriera attraverso il suo supervisore di dottorato. Anche il partner della signora Zei- lei ha lavorato come scienziata ininterrottamente dalla laurea. Fino alla sua abilitazione si autofinanzia principalmente attraverso borse di studio. Nel prima metà della relazione, Mr. e Mrs. principalmente in luoghi separati. La signora Zeiher fa la pendolare tra il la propria posizione e quella del proprio partner. Vive durante la sua abilitazione e la coppia lavora nella stessa città. Con la sua nomina, signora Zeiher una cattedra in un'università a più di cinquecento chilometri di distanza. Il signore e la signora Zeiher trascorrono due o tre fine settimana al mese insieme. Né i genitori della signora Zeiher né quelli di suo marito Avere accademico gradi acquisita. Mentre IL Genitori da Donna Zeiher lavorava entrambi a tempo pieno senza posizioni manageriali, lavoro solo il padre lavorava a tempo pieno nella famiglia del signor Zeiher Posizione di leader.

4.5.3 *storia professionale E struttura sociale caso 3*

Donna Lehnert È Come suo compagno qualcosa Sopra 40 Anni vecchio. Tuo studiolaurea in scienze naturali, in cui anche lei filmato. Al momento dell'intervista, lavorava come assistente di ricerca lavoratore presso un'università. Anche il tuo partner è uno scienziato, che è impiegato come assistente di ricerca al momento del colloquio E A il suo abilitazione sta lavorando. IL Paio ha uno doppia carriera. Donna e il signor Lehnert si sono riuniti alla fine dei loro studi, cosa che hanno fatto quasi contemporaneamente completo, soddisfatto. Al momento del colloquio, il rapporto di coppia appeso per circa quindici anni. Sono sposati e ne hanno due Bambini sotto i dieci anni Sono.

La signora Lehnert sta cercando lo stesso posto del suo pro- movierender compagno Primo uno adeguata Lavoro E dottorato di ricerca con una borsa di studio. A differenza del suo partner, la signora Lehnert si rivolge al promozione da IL scienza spenta E sta cercando lavoro nel settore scientifico area legata al business. Assume una posizione interessante in termini di contenuto non abbastanza del loro qualificazione è equivalente a, Ma Dopo Alcuni Tempo indefinitamente diventa. Dopo la nascita dei bambini, la signora Lehnert perde vanto del loro datore di lavoro questo impiego. Poi ne supera due anni di congedo parentale e fa un'altra svolta verso la scienza scienza. Ha fatto domanda con successo per una borsa di studio postdoc che lei consente il rientro scientifico e funziona come scientifico Impiegato scientifico in progetti di ricerca in evoluzione. quello contrattuale la durata delle attività accademiche è sia prima che dopo promozione Piuttosto corto (Sotto tre anni). Nel contrasto Inoltre È Signor Lehnert

– con l'eccezione di una breve fase di disoccupazione subito dopo laurea - continuamente in scienze senza cambiare carriera Occupato. Dopo Diploma IL dissertazione prende Lui uno Lavoro nel All'esteroe si reca al luogo di residenza comune. Quando la coppia aspetta un figlio lui ritorna ritorno al comune luogo di residenza. Il signor Lehnert lavora come scientifico Dipendenti E inizia il suo abilitazione. Mentre Indella famiglia del signor Lehnert, nessuno dei due genitori ha un titolo accademico nella famiglia della signora Lehnert, il padre ha una laurea accademica. La divisione del lavoro tra i genitori della signora Lehnert era caratterizzata da a tradizionale divisione del lavoro e disoccupazione della madre. Anche il coraggio ter del signor Lehnert era l'unico responsabile della cura dei bambini, era allo stesso tempo Lei comunque a tempo pieno impiegato.

4.5.4 *storia professionale E struttura sociale caso 4*

Donna Thiel È magro 40 Anni vecchio E nove Anni minore COME suo Compagno. Lei ha nell'ambito delle scienze tecniche la sua laurea e lei Dottorato di ricerca acquisito. La sua posizione di consigliere accademico, che lei punto di vista nel tempo e in cui si abilita, è stato recentemente a tempo indeterminato stato. Il tuo partner è anche uno scienziato tecnico con un dottorato per il tempo di colloquio uno occupazione In uno settore privato azienda ha. La signora e il signor Thiel si sono conosciuti qualche anno dopo diploma di studio da Donna Thiel incontrato. A questa volta ha Il signor Thiel ha già un dottorato. Al momento del colloquio, la coppia disegno per circa dieci anni. La coppia è sposata e ha un figlio, IL sotto i dieci anni È.

Dopo aver completato i suoi studi, la signora Thiel inizialmente ha lavorato per alcuni nate in una grande azienda del settore privato. Dopo cambia va all'università e lavora come assistente di ricerca. Questo è sono le loro posizioni nella scienza prima e dopo il loro dottorato limitato, ma i loro contratti di lavoro sono di durata relativamente lunga. Già sua Primo occupazione In IL la scienza va oltre cinque anni, e la sua posizione postdoc si stabilizza prima del completamento della sua abilitazione. Riceve anche il sostegno del suo supervisore di dottorato dopo il dottorato. Durante il congedo parentale di due anni, il suo datore di lavoro le consente di farlo può continuare a lavorare scientificamente e "stare in palla". In confronto alla carriera professionale ininterrotta della signora Thiel, la professionista corsa del partner più versatile. Dopo un breve periodo di disoccupazione inizia la sua carriera professionale con gli studi post-laurea, al termine dei quali Laureato da una posizione come assistente di ricerca. Questo rientra nel periodo precedente all'inizio della relazione con la signora Thiel.

Dopo uno di nuovo, quasi un anno di disoccupazione, passa a settore privato e da allora ha lavorato per varie aziende. IL i primi anni della relazione entrambi vivono e lavorano su due cose diverse luoghi. Durante questo periodo, il signor Thiel si reca in ufficio più volte al mese compagno. Anche prima che la signora Thiel rimanesse incinta, il suo partner è cambiato il datore di lavoro e si trasferisce nella stessa città. I genitori della signora Thiel sì nessuna istruzione superiore. Entrambi erano impiegati ininterrottamente; la madre Primo In part time, Dopo Anche In tempo pieno E con compiti di gestione. Nella famiglia del signor Thiel, ha lavorato ininterrottamente senza dirigente padre che lavora un titolo accademico. La madre ha lavorato fino a quando per il dodicesimo anno del signor Thiel non.

5. Conseguenze della diversa interdipendenza disposizioni per singoli e doppia carriera

5.1 *Introduzione: il mito della carriera*

Come spiegato nel secondo capitolo di questo libro, scienziati e scienziati In collaborazioni accademiche specifico di genere Opportunità per accordi con doppio reddito e singolo o singolo reddito. La domanda in questo capitolo è fino a che punto tale interdipendenza ter da un lato le proprie opportunità di carriera e dall'altro le possibilità di influenzare la realizzazione di doppie carriere. Quindi si tratta della domanda ge, in che misura al di là di una "semplice" partecipazione alla conoscenza della vita lavorativa lavoratori E suo Partner In IL Posizione erano, posizioni professionali raggiungere ciò che corrispondeva agli investimenti educativi effettuati e prospettiva sullo (ulteriore) sviluppo professionale (cfr. capitolo 1 in questo Un libro). Gli scienziati hanno successo professionalmente? cher (cioè hanno maggiori probabilità di avere una carriera) se solo sono nella partnership uno occupazione perseguire? E vicino temporaneo Solo- O. accordi per un singolo lavoratore inevitabilmente Dopo doppia carriera fuori da? A IL risposta Questo Domande Dovrebbe contemporaneamente In IL letteratura comune Spiegazioni per la realizzazione o il fallimento delle doppie carriere SU IL banco di prova essere chiesto.

Come mito e insieme realtà istituzionale, carriera garantire una connessione coerente e a lungo termine con il mercato del lavoro necessità – unita all'opportunità di ottenere il supporto una persona in più sul "fronte familiare" completamente sua potersi dedicare alla propria professione e al proprio sviluppo professionale (cfr. Beck-Gerns- casa 1983; Genen 1994; Moen/Roehling 2005):

"(...) la mistica della carriera richiede due condizioni: (1) un'economia in espansione con rialzo o almeno percorsi occupazionali sicuri, e (2) lavoratori con qualcun altro – a tempo pieno casalinga - per fornire supporto sul fronte interno. Oggi, queste due condizioni sono raramente incontrato Per entrambi uomini o donne." (Moen/Roehling 2005: 9)

Se questo è assunto per tutte le professioni altamente qualificate, si può presumere che Quello IL Bisogno, si Questo mito adattare In campi professionali con carriere lunghe e più incerte come la scienza più forte disponibile È. Per colpa di IL prepotentemente temporaneo occupazione relazioni al di sotto della cattedra e del professionista relativamente limitato alternative dopo molti anni di impiego nel sistema scientifico la pressione sugli scienziati aumenta, da un lato spazialmente flessibile utilizzare le opzioni esistenti e, d'altra parte, essere flessibili in termini di tempo e con elevata intensità dell'orario di lavoro vari indicatori di successo (come pubblicazioni menti finanziamento di terzi, gestione del progetto, esperienza di insegnamento) A servire, in giro Questo requisiti di carriera Appena A diventare O. IL

"Mito Di purosangue E scienziato a tempo pieno" mantenere (Costruzione 2003: 243). Poi avere successo IL vocazione SU uno cattedra E restare nel mondo accademico non lo è, gli scienziati lo sono a causa delle lunghe fasi di qualificazione, di norma troppo vecchio per steiger/innen (con esperienza professionale esclusivamente nella ricerca e nell'insegnamento) trovare un lavoro al di fuori della comunità scientifica (Room/Krimmer/ stalliere 2007: 104).

Secondo questo mito della carriera, quegli scienziati e scienziati Meglio opportunità di carriera Avere, IL uno anni connessione A IL mercato del lavoro spettacolo Potere E di chi professionale Sviluppo E prontezza operativa Attraverso uno non occupazione IL partner è stato "supportato". Scienziati a reddito singolo gli accordi dovrebbero quindi avere vantaggi rispetto ai loro colleghi in doppio hanno accordi di guadagno. [1] Al contrario, la carriera di scienziato E scienziati In collaborazioni monoreddito,

cioè In accordi di intreccio, In quelli Lei se stesso desiderio fasi IL non occupazione avevo, in particolar modo in via di estinzione Essere. Questo ipotesi sono alimentati dall'osservazione che le carriere nella scienza la società è (ancora) plasmata dalle aspettative che molto spesso tipo ideale uno "maschio normale biografia" ricorso (Vedere. geen 1994; Moen 2010) (cfr. capitolo 1 di questo libro), cioè a un vocazionale stile di vita equilibrato con una biografia professionale semplice e senza soluzione di continuità. La domanda di questo capitolo è in che misura queste ipotesi possono essere confermate così come perché e quando (a quali condizioni) le doppie carriere negano Ancora possibili sono.

---

[1] In questo capitolo, l'interdipendenza di lunga data termine della storia lavorativa degli scienziati e dei loro partner quelli soltanto IL scienziato O. IL scienziato impiegato È (Vedere. Sezione

5.3 così come Capitolo 2 In Questo Un libro).

Conseguenze di diversi accordi di interdipendenza

5.2 *doppia carriera – il mito della carriera per il Nonostante*

Nella doppia carriera le coppie hanno - secondo il mito della carriera e il presunta "biografia maschile normale" - in realtà entrambi i partner solo opportunità limitate per soddisfare i requisiti di carriera di cui sopra sono equivalenti a. tuttavia Avere Lei Esso Fatto, Quello Entrambi compagno non

sono "solo" occupati (nel senso di coppie a doppio reddito), ma anche Avanzamenti di carriera adeguati all'età e alle qualifiche, in alcuni casi fino a comando O posizioni di vertice In tuo rispettivo professioni, raggiunto Avere. Come sono riuscite queste coppie nonostante ulteriori sfide? coordinando due carriere e nonostante la mancanza di supporto da una casalinga/marito casalingo non solo uno (o nessuno), ma realizzare due carriere? Perché non tutti possono farlo? Coppie che vogliono questo?

Ci sono varie spiegazioni per questo in letteratura, che diverse possibilità delle coppie a causa delle loro costellazioni di coppia (ovvero la combinazione delle caratteristiche individuali dei due partner), (non-) Enfatizzare la responsabilità per i bambini e la sistemazione abitativa. La vista sulle *costellazioni di coppia* è in vista del mito della carriera, tra le altre cose interessante perché anche le coppie con due salariati si sentono in dovere di farlo potrebbe privilegiare lo sviluppo professionale (cfr tel 4 in questo libro) in modo che uno dei due partner abbia una carriera può realizzare. I risultati della ricerca esistente lo indicano effettivamente Quello se stesso In coppie a doppio reddito per colpa di da mobilità e o Requisiti di disponibilità delle due attività professionali nonché dell'art IL mettere su famiglia frequentemente IL professionale Sviluppo di un partner – spesso l'uomo – a cui viene data la priorità (cfr. ad es. Ackers 2004;

Bathmann/Müller/Cornelissen 2011; Becker/Moen 1999; Boyle eccetera al. 2001).

Tuttavia, ci sono anche risultati in letteratura per altri partner strategie di carriera accademica. Da un lato, c'è un approccio più "individualista" sche", con la quale entrambi i partner sono relativamente indipendenti l'uno dall'altro Perseguire carriere ed entrambi per corrispondere al mito della carriera (maschile). try (es. Bathmann/Müller/Cornelißen 2011; Dettmer/Hoff 2005; Miglio/Herma/Schneider 2005).

D'altra parte, anche le coppie perseguono un "egualitarismo" o collettivo strategia familiare in cui entrambi i partner sono disposti a lavorare insieme tagli vivi e compromessi in relazione alla propria carriera Prendere. Con questa disposizione, potrebbero esserci restrizioni su entrambi Rif Venire, Perché IL potenziale di carriera a favore di IL Famiglia non essere esausto. Responsabili anche di questo sono certamente i tanti diversi requisiti "anti-partnership" delle carriere professionali (o il mito della carriera) così come il *genere istituzionale* – vale a dire il diseguale aspettative E reazioni SU IL professionale E mente impegno familiare da uomini E Donne (Vedere. Bathmann/Müller/Cornelissen 2011; Becker/Moen 1999; Behnke/Meuser 2005; Miglio/Herma/Schneider 2005).

Da un lato, è giustificato il perseguimento di strategie diverse i concetti di genere, relazione e genitorialità (cfr. Bathmann/Mül- ler/Cornelißen 2011) così come i concetti di carriera delle coppie o di entrambi compagno (Vedere. Capitolo 3 E 4 In questo libro). D'altra parte influenza anche l'equilibrio di potere tra i partner, il gesti nel Paio E con esso IL condizioni realizzative da carriere (cfr Sangue/Wolfe 1960).

IL letteratura A economia domestica giustificato decisione di assunzione processi di formazione in coppia (cfr. Becker 1991; Ott 2001) *lo suggerisce le differenze di reddito* riducono significativamente la possibilità di doppio reddito e Influenzare gli accordi di doppia carriera. La loro realizzazione è soprattutto in pericolo se i partner guadagnano importi diversi. dato i profitti che si possono ottenere da un lavoro meglio retribuito, sia - così si sostiene - nell'interesse di entrambi i partner, questo profitto situazione per massimizzare, creando un vantaggio di occupazione retribuita l'altro nella coppia viene abbandonato (es. quando si sposta o quando nascita di figli) o anche se sono occupate due persone i requisiti e lo sviluppo professionale del migliore al partner di servizio viene data la priorità. Ad una conclusione simile lotta Venire Anche scambio teorico Modelli – tornare indietro SU Blood and Wolfe (1960): Quelli nella partnership hanno più risorse ha, quindi ha una maggiore assertività per i propri professionale Interessi (Vedere. emerson 1976; Cappuccio 1983). di conseguenza Potere l'aspettativa da formulare che raddoppia le carriere con una più alta Probabilità di coppie "a parità di reddito" (cioè entrambi i partner Avere UN simile Reddito) COME da coppie con reddito divorziato realizzato può diventare.

In questi approcci teorici, la massimizzazione dell'utilità o la basato sulle risorse processi negoziali genere neutro concettuale ted. Cioè, indipendentemente dal sesso, Il partner o il partner dovrebbe meglio in grado di svolgere la propria attività professionale pegno Interessi imporre – Sotto circostanze Anche SU Costi IL carriere diverse e di conseguenza una doppia carriera. Una serie di serve, però, che una migliore posizione negoziale del partner non nella stessa misura una rinuncia o una limitazione di sviluppo professionale del partner (cfr. Bielby/Bielby 1992; Jürges 2006; Shaman 2010). Tenendo conto di ciò, per il rapporto di reddito zione nelle società di persone, viene formulata una seconda aspettativa: doppia carriera Sono Prima

qualunque cosa In coppie in via di estinzione, A quelli
IL Uomo (Conoscenza-

schaftler O Compagno) Di più guadagnato, Mentre Lei
A uno Stesso OAnche i redditi più alti della donna sono
più applicabili.

In modo simile, la *costellazione dell'età* nel partner
schaft – e il divario di carriera (almeno potenzialmente)
associato se i partner non hanno la stessa età - per la
realizzazione della doppia carriera svolgere un ruolo.
Cioè, nelle partnership in cui i partner hanno età
diverse, il partner più anziano potrebbe avere un
vantaggio professionale Avere. È empirico e normativo -
anche per le coppie altamente qualificate - di solito
l'uomo è più anziano della donna (cfr. Rusconi/Solga
2007; Solga/Rusco- ni/Krueger 2005). 2 IL
argomentazione per il Connessione da reddito
differenze umane E accordi di carriera In partnership
seguente, Potevo IL più vecchio compagno (O. Se
disponibile, IL più vecchio compagno) Meglio In IL
Posizione Essere, IL Proprio professionale Interessi In
IL associazione imporre. Ma anche per la costellazione
dell'età, mostrano studi precedenti indagini che non
rappresentano una relazione puramente temporale,
neutrale rispetto al genere (cfr. Rusconi/Solga 2007;
Solga/Rusconi/Krüger 2005). Piuttosto lo è procedere
da concetti di età codificati per genere, in modo che lo
sia da Senso È, Chi – Uomo O Donna – più vecchio È. E
COSÌ spettacolo Già le analisi nel secondo capitolo di
questo libro sugli accordi a doppio reddito gemments
un po' più frequentemente da coppie con una
costellazione di età atipica può essere realizzato, cioè da
coppie in cui le donne (scienziate donne o partner) sono
più grandi dei loro mariti. In questo capitolo dovrebbe
essere esaminato in che misura usano il loro vantaggio
di età per il vero da doppia carriera usare Potere. Per
colpa di da messa a punto Difficoltà ad allineare i

(simili) requisiti di carriera menti, l'aspettativa può essere formulata anche da persone della stessa età I partner hanno meno probabilità di avere una doppia carriera in generale A E In IL Scienza nel speciale Avere COME coppie con uno Differenza d'età. La domanda di fondo è: fino a che punto lo è un'equiparazione per età dei requisiti professionali per il doppio carriere, e questo è particolarmente vero quando entrambi compagno uno carriera scientifica rendersi conto Volere?

È anche noto che il passaggio da una partnership ad a Famiglia (con figli) sviluppo professionale di donne e uomini influenzato in modo diverso (vedi capitolo 3 in questo libro). Questo è dovuto a una delle aspettative sociali e delle attribuzioni di ruolo che dalle donne (interiorizzate o dovute alla mancanza di opzioni di sostegno esterno) portano ad assumersi la responsabilità principale per i *bambini* tanto che alcune donne interrompono i loro impegni professionali o ridurre (dovere). Altre donne no indossare comunque

---

2 È stato anche riscontrato nella nostra popolazione di studio che gli scienziati maschi sono più anziani COME suo partner erano, scienziati Ma minore COME suo compagno (Vedere. Capitelefono 1 In Questo Un libro).
in realtà hanno la responsabilità principale e quindi hanno un "doppio fardello" - o a causa di una pretesa non egualitaria nei confronti del partner società o perché hanno difficoltà, anche la loro pretesa egualitaria in giro- O far passare A Potere (Vedere. Capitolo 3 In Questo Un libro; Hess/ Rusconi 2010). Questo doppio carico Potere A uno Svantaggio per suo guidare lo sviluppo professionale. In secondo luogo, le donne in generale possono farlo e le madri in particolare, a prescindere dall'effettiva organizzazione e responsabilità per l'assistenza all'infanzia attraverso

processi di statistica Discriminazione (cfr. ad es. Inghilterra 2005) da parte dei loro datori di lavoro nel loro lo sviluppo professionale sono ostacolati, se non ostacolati. Questo è Questo è il caso, ad esempio, di colleghi maschi o colleghi senza figli esclusivamente sulla base della performance quantitativa, ma non qualitativa caratteristiche delle promozioni o l'attribuzione di incarichi di gestione a fronte essere preferito alle madri. Questo potrebbe portare al doppio coppie di servi con bambini per colpa di IL potenziale restrizioni IL Carriera IL Donna (Scienziato O compagno) meno In IL Posizione devono realizzare una doppia carriera. Questo sarà esaminato di seguito Essere.

Inoltre, ci sono alcune prove che il lavoro e la vita familiare lo sono sono particolarmente difficili da conciliare con la scienza (cfr. Lind 2008; Metz-Göckel/Selent/Schuermann 2010). Ad esempio, scienziate ad esempio a causa di prospettive di lavoro e occupazione insicure nit più spesso NO Bambini COME laureati in generale (Mez Göckel/Selent/Schuermann 2010: 19). Da un lato, la paura di svantaggi nelle loro carriere, molte scienziate cancellarlo o rinviarlo (cfr. Lind 2008). D'altra parte sentire prima principalmente le madri, ma sempre più anche i padri nel loro sviluppo professionale svantaggiati da colleghi e superiori (cfr. Lind 2008). Al- dopo ci si poteva aspettare che le coppie dove entrambi i partner nel Scienza impiegato Sono, meno comune doppia carriera con bambini rendersi conto possono come coppie professionalmente eterogenee. D'altra parte, analisi precedenti s che le coppie con background professionali eterogenei lavorano nel mondo accademico concepito come quello che può essere meglio combinato con la cura dei bambini è - e con questa giustificazione, il compito era quindi principalmente il scienziati A (Vedere. Hess/Rusconi 2010; Hess/Rusconi/Solga 2011a). come stereotipi sessuali attribuzioni da Ore lavorative- o la flessibilità del luogo di lavoro sono meno possibili nelle coppie accademiche perché qui entrambi i partner esercitano la professione (presumibilmente) più flessibile. di conseguenza si potrebbe in alternativa prevedere che le carriere delle madri e A proposito, è più probabile che le doppie carriere con bambini siano accademicamente omogenee In coppie professionalmente eterogenee realizzato può diventare. Infine, una carriera accademica o un periodo di prova come scientifico prole frequentemente IL modo di vivere uno flessibile e singoli mobili (cfr. Metz-Göckel/Selent/Schürmann 2010) o un singolo modelli di guadagno delle coppie (cfr. Geenen 1994). Soprattutto per accademici La mobilità geografica è un fattore importante per le persone con istruzione mista parte delle carriere professionali, in modo che gli accademici muoversi in media spesso (cfr. Becker et al. 2011; Büchel/Frick/Wit- te 2002; taglierina eccetera al. 2008). Questo richiede da alto qualificato coppie

–   che vogliono realizzare una doppia carriera – spesso possono utilizzare il multi-locale ler disposizioni abitative con Questo esigenze di mobilità Fare un passo Presa e quindi una sorta di "sdoppiamento del modello di carriera 'maschile'" compiere (Bathmann/Müller/Cornelissen 2011: 131 ss.). A tal punto ver- Non sorprende che le coppie accademiche più frequentemente (rispetto ad altri gruppi educativi) pen) vivono in sistemazioni multilocali private del pendolarismo quotidiano, Spostamenti del fine settimana verso accordi di convivenza (LAT) sufficiente (cfr. Schneider et al. 2008). Queste disposizioni di vita servono a mantenere o consentire la carriera professionale di entrambi i partner (cfr. Schneider/Limmer/Ruckdeschel 2002). Inoltre, alzati maggiore mobilità spaziale e conseguente multilocalità qualità Di coesistenza Anche fuori da IL professionale incertezza per colpa di dei contratti a tempo determinato (cfr. Becker et al. 2011; Schneider et al. 2008).

Anche se le disposizioni abitative plurilocali consentono la realizzazione di doppi possono supportare le carriere degli animali domestici, sono spesso associati a tempo considerevole, costi finanziari ed emotivi (cfr. Rhodes 2002; Schneider/Limmer/Ruckdeschel 2002). Inoltre, ogni cambio di carriera può essere collegato alla mobilità geografica, in modo che ci sia un alto livello di flessibilità nel È richiesta la sistemazione abitativa da parte delle coppie. Non sono coppie adesso disposti a vivere in residenze separate (LAT o pendolarismo a lunga distanza) possono Ciò porta a limitazioni nelle opportunità professionali per uno o entrambi i partner principali (cfr. Jürges 1998a, b). Lo dimostrano un gran numero di studi contribuire al fatto che le donne hanno maggiori probabilità di avere i loro luoghi di residenza e lavoro durante la mobilità Allinea le richieste dell'uomo piuttosto che il contrario, sia come "andare avanti" Partner (tied mover) o proprietà locale (tied stayer) (cfr. Bielby/Bielby 1992; libro 2000; Büchel/Frick/Witte 2002). [3]

A causa dei rapporti di lavoro prevalentemente a tempo determinato, metà della cattedra anche nell'università o nel sistema scientifico tedesco come la diversa diffusione (specifica per disciplina) di quelli più lunghi Soggiorni all'estero (ad es. postdoc; cfr. Hess/Rusconi/Solga 2011a; Zimmer/Krimmer/Stallmann 2007) COME componente uno corsa scientifica

---

[3] Se questo vale anche per le donne con istruzione accademica e le coppie in generale, si potrebbe Studio sulle scienziate naturali e ingegnere con dottorato (con attività all'interno metà e al di fuori della scienza),

tuttavia, mostrano che nessuna di queste donne dopo il La promozione corrispondeva al tipo "tied stayer" o "tied mover" (Becker et al. 2011: 49f.). Un gran numero di queste donne ha avuto un domicilio comune con i loro partner Attraverso desiderio quotidiano tempi di percorrenza consente O. mantenere.

bahn, è prevedibile che gli accordi di vita multi-locali - come le lunghe distanze pendolarismo (vale a dire più del tragitto giornaliero verso il posto di lavoro di uno o anche nel Compagno) O Disposizioni LAT (cioè separato Residenza) – In i partenariati accademicamente omogenei sono più spesso la realtà delle coppie che in campo occupazionale eterogeneo coppie. Inoltre Potevo A coppie di scienza sistemazioni abitative "immobili", cioè vivere in un comune Posto senza spostamenti o con massimo spostamento giornaliero, con quelli più grandi Svantaggi per le doppie carriere rispetto a campi occupazionali eterogenei coppie.

Inoltre, si può presumere che i partner nelle coppie scientifiche devono cambiare luogo di lavoro più frequentemente rispetto a coloro che lavorano al di fuori di esso scienza. Ciò può portare a una maggiore dinamica delle sistemazioni abitative portare al primo. Per quanto riguarda l'influenza di diversi dinamica della mobilità Potere opposto aspettative formulato diventare:

(a) Dinamiche di mobilità che non infra- o addirittura permettere la combinazione (cioè un miglioramento) chen, trasportare doppia carriera. (B) professionale Mobilità, IL con uno il cambiamento o il deterioramento della sistemazione abitativa è collegato, Potere IL Pericolo incremento che si mette a disposizione una carriera, e quindi ridurre anche la possibilità di una doppia carriera.

Queste diverse ipotesi sull'influenza delle

costellazioni di coppia menti e accordi di interdipendenza sul successo professionale delle donne e IL realizzazione da doppia carriera diventare nel seguente esaminato. A tal fine, viene prima presentato in modo descrittivo fino a che punto le scienziate e gli scienziati sono stati in grado di realizzare una carriera e se ciò avvenga nell'ambito di accordi di carriera singola o doppia divenne. In una seconda fase, l'importanza delle interdipendenze a lungo termine modelli di relazione nelle partnership. Qui il mito della carriera messo alla prova, e inizialmente ci saranno risposte per entrambi domande formulate: fino a che punto sono gli scienziati senschaftler professionalmente ha più successo se solo tu nella tua partnership occupazione perseguire? E in quale modo limite temporaneo Solo- o accordi monoreddito in seguito a doppie opportunità di carriera? in uno terzo passo, le ipotesi sul significato delle costellazioni di coppia zioni per quanto riguarda Reddito, Età, Essere disponibile da bambini E in comproprietà controllato.

5.3 **Metodi**

Banca dati Questo capitolo Sono IL standardizzato corso di vita inter visualizzazioni IL scienziati così come (separato) del loro Partner. Con esso solo quegli scienziati sono inclusi nell'analisi per i quali a È disponibile il colloquio con il partner (cfr. capitolo 1 in questo libro). in essa Questo capitolo si concentra sulle conseguenze degli accordi di entanglement in La coppia e l'influenza delle costellazioni di coppia per la realizzazione di carriere individuali e duali, solo quelle scientifiche si tiene conto di chi ha compiuto almeno l'ultimo anno di osservazione periodo (vedi sotto) con questo partner erano. [4]

COME periodo di osservazione per IL modello di intreccio divenne IL Fase di vita da sei a dodici anni dopo il primo grado scienziato. La selezione di questo lasso di tempo lo consenta, le carriere professionali dei soci più giovani (e raramente partner più giovani) degli scienziati che a causa della loro età, più tardi gli scienziati hanno ricevuto il loro primo grado laurea (cfr. punto 5.4). Insieme a quelli usati qui definizione di carriera E empiricamente A IL maggioranza IL interrogato Conoscenza-schaftler/innen sono i primi sei anni dopo il Promozione così come intorno al periodo in cui la maggior parte degli intervistati è lei primo figlio (vedi Tabella 1.2 nel Capitolo 1 di questo libro). Così è una fase molto critica in cui la maggior parte degli scienziati (deve) prepararsi al passaggio alla cattedra e alla professione e le esigenze della famiglia possono scontrarsi fortemente. Da pochissimi i ricercatori che non hanno (ancora) conseguito il dottorato sono stati osservati per tanto tempo erano generalmente (per evitare effetti di selezione) dalla sequenza analisi escluso. IL multivariato analisi per individuale E Doppia carriera (all'epoca dodici anni dopo la laurea) quindi riferirsi anche solo a coloro che avevano un dottorato al momento del colloquio scienziati e professori.

Come discusso più dettagliatamente nel primo capitolo di questo libro, il partial la partecipazione alla vita lavorativa non è una caratteristica sufficiente per la presenza una carriera; i fattori decisivi sono il contenuto dell'attività e la prospettiva SU uno professionale (ulteriori sviluppi.

Per scienziati E Partner divenne basato IL informazione fuori da tuo interviste IL Raggiungere una carriera come posizione professionale all'interno o all'esterno di scienza operazionalizzata che corrisponde alle sue qualifiche e istituzionali funzionale Vecchio corrispondeva. [5] Basato su di essa divenne doppia carriera COME

---

4   Il 10% degli scienziati con un dottorato (professori inclusi) è stato escluso dall'analisi se esclusi perché all'epoca erano ancora single o con un altro partner. ner insieme erano.

5   Per la carriera accademica, dodici anni dalla laurea sono considerati essenziali recriteria l'esercizio di attività altamente qualificate o il posto di ricercatore dipendente (incl. borse di studio), il dottorato e l'assunzione di responsabilità A per nominare (per favore, riferisci Capitolo 1 In Questo Un libro).

tali costellazioni occupazionali sono definite in cui entrambi i partner gene tempo un - dentro i sensi appena menzionati – ha avuto una carriera.

Sulla base delle informazioni fornite dagli scienziati e dai loro partner sulle loro attività, la rispettiva interdipendenza Assetti di storie occupazionali nelle società ricostruite (per uno Descrizione IL applicato Sequenza- E metodo a grappolo Vedere. Capitolo 2 In

Questo Un libro). IL analisi IL modello di intreccio IL Le storie di occupazione nelle società di persone hanno mostrato per il periodo da sei a dodici Anni Dopo diploma di studio accanto a IL quattro Già conosciuto ispezionare (percettore unico e unico nonché accademicamente omogeneo e occupazionale accordi terogenici a doppio reddito; vedere il capitolo 2 in questo libro) due altri modelli che non possono essere discussi in dettaglio qui. [6] Come già discusso in dettaglio nel secondo capitolo di questo libro, mostra anche per questo periodo che le scienziate significativamente più frequenti del loro maschio Colleghi In scientificamente omogeneo partnership vissuto (29% contro 12%), cioè entrambi i partner erano attivi nel campo scientifico. [7] Inoltre, gli accordi per un reddito singolo erano dovuti a una lunga data gene non occupazione più spesso A scienziati A Trovare (14,5% contro 1% degli scienziati). [8°] D'altra parte, hanno preso il sopravvento in modo sostanziale l'unico ruolo di capofamiglia meno spesso rispetto ai colleghi maschi (5% contro 32%). Non ci sono quasi differenze di genere nella diffusione dell'occupazione Le unioni a doppio reddito eterogenee sul campo, cioè le coppie in cui il Scienziati all'interno e i loro partner al di fuori della scienza lancia impiegato erano (27% IL scienziati E 30% IL Conoscenza-Schaftler).

Per l'analisi dell'influenza delle costellazioni di coppia sul caso Dodici anni dopo la laurea, il rispettive costellazioni un anno prima. Il *reddito le differenze* nella coppia sono state raggruppate in tre categorie: "Ugualmente diversi Le coppie di servi sono quelle in cui entrambi i partner guadagnano più o meno lo stesso dieci, mentre nella categoria "scienziato di più" i soci qualcosa meno Fino a significativo meno COME IL scienziati guadagnare

6   Da un lato, questo include un piccolo gruppo di scienziati (3%) che di questo periodo era con l'attuale partner, ma nei sei anni prima viveva per lo più da single o aveva un partner che non lo era l'attuale partner è. D'altra parte, c'era un gruppo molto più ampio (21%) di cui periodo di osservazione più breve COME IL sei Anni era (nel mediano 31 Mesi).

7   quantitativo descrizioni divenne per quanto riguarda Di genere, IL livello di carriera E Le discipline sono ponderate in modo che - come previsto dal piano di campionamento (cfr Questo Un libro) – Sempre A Stesso azioni rappresentare Sono.

Scienziate in partenariati monoreddito erano nel periodo di osservazione in mediano 45 Mesi non impiegato, cioè H. Mentre magro tre Trimestre IL Tempo dieci e viceversa nella categoria "Partner more".

9 Nell'età _ *raccontare* distinguere tra due categorie che nel partenariato – conoscenza dipendente o partner - è più anziano. Coppie in cui la differenza di età fra IL partner massimo dodici Mesi frode, divenne COME "Anche vecchio" codificato. La *presenza di bambini* si riferisce alla nascita del primo figlio biologico. Alla fine, le *sistemazioni abitative furono divise* in quattro Categorie mostrate:

–   "Nello stesso luogo" se la coppia viveva nello stesso luogo e un o entrambi i partner si recavano al lavoro al massimo tutti i giorni (cioè solo durante il giorno finita all'una altro luogo di lavoro erano);

–   "Fern pendolarismo (ZP)" se la coppia viveva nello stesso posto, ma il Scienziato per il RIMOSSO Posto di lavoro commutato E Là per soggiornato per diversi giorni/notti;

–   "Pendolarismo a lunga distanza (PA)" se la coppia

viveva nello stesso luogo ma il I partner, ciascuno con
un soggiorno di più giorni, facevano il pendolare mentre
il Scienziato a Residenza è rimasta

— "LAT", cioè convivenza separata, se i partner separato
residenze vissute e lavorate.

Prima dell'importanza degli arrangiamenti di
entanglement e delle costellazioni di coppia menti per
realizzare la propria carriera e le doppie carriere
verificato mediante analisi multivariate (per i dettagli
vedere la Sezione 5.5), la sezione successiva descrive
come gli scienziati gli scienziati sono stati in grado di
iniziare la propria carriera funzionante e come questo
nel fotogramma uno La doppia carriera è avvenuta.

5.4   *Uno O due carriere?*

Sei Anni Dopo diploma di studio avevo IL maggioranza IL scienziato e le scienziate una carriera secondo quanto sopra definizione di carriera. Questo era leggermente più comune tra gli uomini che tra gli uomini Donne (79% vs. 69%). scienziato E scienziati Sotto- differivano molto di più in quale costellazione di partenariato hanno realizzato le loro carriere: è vero per entrambi che una doppia carriera costellazione IL più comune disposizione era (43% O. 51%; Illustrazione 5.1) – ma mentre più di tre quarti delle scienziate hanno una carriera Parte uno coppia dalla doppia carriera era, erano Esso A IL maschio Colleghi

---

8   Le costellazioni di reddito e alloggio sono state basate sulle informazioni fornite dal scienziati sul rapporto reddituale e sulla convivenza nella società Mentre del loro A al tempo esercitato Compito codificato.

9

solo circa la metà (77% contro 55%, non mostrato). In contrasto con realizzato oltre un terzo degli scienziati, ma solo il 15% dei loro colleghi una carriera in un accordo a una carriera. Inoltre realizzato a quasi un quarto delle scienziate, ma solo il 10% dei loro colleghi solo il partner fa carriera. In sintesi, questo significa: Se le donne in società hanno una carriera, quindi di solito "comune". sam" con il partner. Per gli scienziati, tuttavia, questo è molto meno frequentemente IL Caso.

Un'altra chiara differenza tra scienziati e scienziati senschaftlerinnen consiste nelle ragioni di una carriera mancante. IL maschio scienziato senza Carriera (sei Anni Dopo grado finale) erano prepotentemente impiegato O titolari di borsa di studio (81%). IL significa che erano occupati, anche se non (secondo il definizione di carriera definita) adeguata all'istruzione e all'età. Ad esempio, avevano modo Ancora NO Promozione. A IL scienziati senza Carriera d'altra parte, solo poco meno della metà era occupata (49%). la tua carriera persa hanno lasciato più spesso dei loro colleghi disoccupati lungo. [10]

10 Un quarto di questi scienziati (ma nessuno dei loro colleghi non in carriera) era presente congedo di maternità Un altro 10% di scienziati senza carriera era disoccupato; IL le loro stavano svolgendo un'altra attività (es. ulteriori studi) (16% delle donne E 8% IL Uomini senza Carriera).

Vediamo lo stesso con i nostri partner: quasi tre volte di più molti compagno Come partner senza Carriera erano impiegato (65% vs. 23%). Uno dei motivi era che il doppio delle partner femminili rispetto a Il partner non ha ancora conseguito un titolo accademico in questo momento (19% vs. 9%) - e quindi non hanno ancora/iniziano una carriera Potevo. La causa è, tra l'altro, nel partner tipico dell'età scelta: gli uomini erano per lo più più anziani dei loro partner. IL Partner che non hanno ancora un titolo accademico in questo momento erano in media 5,5 anni più giovani dei loro partner. Come con la scienza Tuttavia, si può anche osservare tra i partner che una mancanza di carriera tra le donne più frequentemente che tra gli uomini con un non- occupazione connesso è. [11]

Anche dodici anni dopo la laurea, la maggior parte dei ing la maggior parte degli scienziati ha una carriera (86% e 73% rispettivamente). Ancora una volta è evidente che le scienziate stanno proseguendo la loro carriera realizzato principalmente nell'ambito di un accordo di doppia carriera: Bei quasi tre quarti delle scienziate con una carriera avevano il proprio partner hanno anche una carriera, mentre meno della metà dei loro coetanei l'ha gene con carriera era il caso (72% contro 47%, non mostrato). Sebbene la scienza scienziato E scienziati A Questo tempo Anche qualcosa hanno avuto una carriera loro stessi più spesso di sei anni prima, il doppio Le collaborazioni di servitori non sono più le più comuni per gli scienziati maschi costellazione di carriera (40,5% contro il 53% delle scienziate; zione 5.1). In questo momento, gli scienziati ora (se anche scarsa) la costellazione di una carriera, in cui solo lei stessa ha una carriera avevo (45%). A IL scienziati è arrivato questo costellazione soltanto metà COSÌ frequentemente Prima. costellazioni di una carriera, A quelli soltanto IL Parte- ner avevano una carriera, per gli scienziati maschi il eccezione, mentre sono ancora d'accordo con circa il 16% dei loro colleghi palude. Ciò dimostra ancora una volta che le carriere scientifiche sono prevalentemente composte da donne Abbastanza nell'ambito di da doppia carriera avere luogo E doppia carriera – dentro e fuori la scienza, principalmente a causa della mancanza di una Carriera di scienziati o partner falliscono.

A differenza di sei anni prima, sia quello scientifico uomini e donne scienziati senza carriera per lo più occupati, Se Anche non educativo E età appropriata (96% O. 72%). [12] COSÌ avevo Lei Per esempio Ancora NO promozione O NO mansioni manageriali. A

---

[11] Un quarto dei partner senza carriera (ma nessun partner) era in congedo parentale. Circa l'11% dei soci e il 9% dei soci erano disoccupati, gli altri si dedicavano ad altre attività dieci Dopo (23% IL Donne e 18% IL Uomini).

[12] Un altro 15% degli scienziati – e ancora nessun collega – era in congedo parentale. L'11% degli scienziati (e nessun collega) era disoccupato. Gli altri completano dieci UN aggiuntivo Studi.

anche i partner maschi senza carriera erano più di tre quattro- telefono impiegato, A IL partner Tuttavia meno COME IL metà (77% contro il 40%). Adesso, però, lo studio incompiuto non c'era più dio la causa, ma soprattutto il congedo parentale. [13]

In sintesi, si può affermare quanto segue: scienziati e scienziati correre In partnership erano da un lato relativamente di successo, una carriera raggiungere, vale a dire raggiungere una posizione professionale che corrisponda alle loro qualifiche zione e la sua età istituzionale. La stragrande maggioranza di scienziati maschi e femmine avevano dodici anni dopo lo studio completamento del servizio di una carriera. D'altra parte, solo circa la metà del senschaftler/innen con successo in questo "insieme" con i loro partner A A rendersi conto. IL Fallire da doppia carriera era per lo più dovuto una mancanza di carriera per le donne, sia per mancanza di lavoro (soprattutto con i soci degli scienziati) o perché il la posizione lavorativa non era adeguata all'età e all'istruzione (soprattutto nel caso di scienziati).

Tuttavia, le carriere non si fanno "da un giorno all'altro", lo sono Il risultato di molti anni di sviluppo professionale - che è anche al la maggior parte degli uomini e delle donne in una partnership ha luogo. Che cosa Accordi di intreccio del percorsi di carriera Scienziati e loro La pratica dei partner è stata discussa nella Sezione 5.3 e in maggior dettaglio nel Capitolo tel 2 di questo libro. La sezione seguente esaminerà ora diventare, Quale Influenza Questo modello di intreccio SU la realizzazione delle carriere degli scienziati così come delle doppie carriere.

5.5 Il mito della carriera messo alla prova

La questione della misura in cui i modelli di interdipendenza sono esistiti nei sei anni precedenti sono stati praticati, la probabilità (definita nel tempo) di una carriera E da doppia carriera influenza, divenne utilizzando da probabilità lineareregressioni esaminato. [14] IL nella foto coefficienti di regressione premere

---

[13] Perché a quel tempo solo un partner non aveva un partner Titolo accademico. Circa un quarto dei partner senza carriera era in congedo parentale (9% degli uomini), un altro 10% era disoccupato (6% degli uomini), gli altri ne hanno lasciato uno altri attività (per esempio B. uno ulteriore Studi O Tirocinio) Dopo.

[14] Accanto a IL modelli di intreccio E IL costellazioni di coppia controllo IL Modelli per altre caratteristiche che non sono discusse in dettaglio. Con gli scienziati menti: coorte di laurea, disciplina di primo grado, nascita nella Germania orientale o occidentale paese, lavoro della madre durante l'infanzia, istruzione accademica dei genitori, Durata dell'attività svolta in quel momento, promozione. Per i soci: impiego nel settore pubblico o nel settore privato, lavoro a tempo determinato se, promozione così come per IL omogeneità del soggetto nel Paio.

a seconda della disposizione dell'interdipendenza, aumentare la probabilità di conoscenza 12 anni dopo la laurea avere una carriera o una doppia carriera, che confronta il diverso gruppi ammessi.

Come mostra la Figura 5.2, gli accordi a doppio reddito non ne avevano uno influenza negativa sulla probabilità di scienziate Gli scienziati avranno una carriera dodici anni dopo la laurea. Scienziati maschi con (nei sei anni precedenti) scientifici avevano regimi a doppio reddito omogenei o eterogenei dal punto di vista occupazionale hanno le stesse probabilità di avere una carriera come i loro coetanei accordi per un singolo lavoratore. IL è chiamato, IL occupazione O Non-impiego del partner avuto per lo sviluppo professionale del maschio pegno scienziato nessuno dei due Prima-Ancora Svantaggi. Nel Differenza Inoltre diminuito IL Solo- così come IL regime di reddito unico A Conoscenza- loro possibilità di carriera. La probabilità di a na carriera è stata con le (poche) scienziate che avevano assunto il ruolo di servi, solo la metà delle loro controparti maschili Colleghi monoreddito e, come con i colleghi con doppio reddito disposizioni.

Quella non occupazione per uomini e donne (accademico studenti E Partner) uno possono avere diversi significati o meno nella stessa misura di sostegno allo sviluppo professionale dell'altro partner essendo responsabile di "questioni private". serve il "fronte domestico", è usato anche nella differenza tra Imparare E scienziati con temporaneo regime monoreddito chiaramente. I (pochissimi) scienziati uomini che lavorano nel era stato disoccupato per lunghi periodi sei anni prima non solo il doppio delle possibilità di carriera rispetto ai loro colleghi con lo stesso arrangiamento, ma anche la più alta carriera probabilità. Questo risultato inizialmente controintuitivo è essere spiegato dal fatto che questi scienziati hanno trascorso il loro tempo di non-occupazione,

ad esempio per ulteriori studi o uno stage dieci E non - Come frequentemente a lei Colleghi – il loro lavoro a causa dida disoccupazione o congedo parentale interrotto.

In conclusione provvisoria, va sottolineato che gli

accordi con doppia fonte di reddito sia per uomini che per donne scienziati rispetto a gli accordi monoreddito non sono un ostacolo alla realizzazione del loro individuo visivo professionale carriere rappresentare. Questo è applicabile Inoltre per conoscenza- albero-omogeneo Come campo occupazionale eterogeneo accordi a doppio reddito. Cioè scienziati che fanno parte di una coppia scientifica possono realizzare la propria carriera tanto spesso quanto i colleghi, di chi Partner al di fuori di Di ambito scientifico impiegato Sono. Uno accordo Di campo professionale porta COSÌ nessuno dei due Vantaggi per IL propria carriera basata su una "conoscenza condivisa" e migliori opportunità di Supporto fra partner (Vedere. Hess/Rusconi/Solga 2011a) Ancora Svantaggi dovuti a maggiore concorrenza o difficoltà di coordinamento dieci di simili requisiti professionali. Inoltre, mostra - in particolare - Rif per Uomini –, Quello temporaneo accordi per un lavoratore singolo, cioè più a lungo Fasi di non occupazione, non necessariamente un ostacolo alla carriera rappresentano, vale a dire non quando si trovano in fasi di ulteriore qualificazione rappresentare. Dal momento che la temporanea non occupazione delle scienziate Tuttavia, più spesso degli uomini con congedo parentale o disoccupazione era vincolato, la biografia professionale "fragile" spesso li ha portati a che ha dodici anni Dopo Diploma non adeguato occupato erano.

Se ora guardi dall'individuo alla doppia carriera, tuttavia, emerge un quadro diverso (Figura 5.2). Da un lato, doppio in misura molto minore rispetto alle singole carriere. ted diventare. Per il altri Sono IL differenze entro IL Entrambi Gruppi di genere per quanto riguarda l'influenza del diverso arrangiamenti di intreccio significativamente meno. Ad esempio, le scienziate in accordi a lungo termine con doppio reddito una probabilità molto simile capacità per doppie carriere come i loro colleghi, chi per fasi più lunghe non impiegato O (meno comune) IL unici percettori erano. Positivo considerato, ciò significa che - contrariamente alla formulazione che si trova spesso in letteratura aspettativa - un ritardo o un'interruzione della propria attività con scienziate che lavorano temporaneamente nei tradizionali monoreddito vivere in società non comporta alcuno svantaggio aggiuntivo. In negativo Tuttavia, questo significa anche che la probabilità della realizzazione doppia carriera – indipendentemente dal rapporto all'interno del partenariato disposizione dell'intreccio - sono relativamente piccoli e quindi anche il (spesso laborioso) me) Realizzazione di accordi a lungo termine con doppio reddito nessuno garanzia per la doppia carriera.

Questa mancanza di beneficio del doppio percettore per accordi di doppia carriera zione è più evidente tra gli scienziati maschi e i loro partner correre. Per gli scienziati, le doppie carriere lo sono partnership quasi improbabili. Le ragioni di ciò sono sopra soprattutto restrizioni di carriera con i propri partner a causa di un non occupazione adeguata (raramente a causa di disoccupazione). UN accendino Vantaggio di realizzare due carriere in diverse settori professionali rispetto a coppie accademicamente omogenee è evidente anche in Gli scienziati.

Assolutamente Impressionante differenze è lì Tuttavia fra uomini E Donne. scienziati In scientificamente omogeneo Doppio Gli accordi di servizio hanno tre volte la probabilità di doppia carriera come i loro colleghi maschi. Un genere leggermente più piccolo differenza Spettacoli si per campo occupazionale eterogeneo coppie con doppio reddito, A quelli Esso Anche IL scienziati E tuo partner più spesso successo uno doppia carriera A rendersi conto COME IL scienziati E i loro partner. Una spiegazione chiave per questo è che le doppie carriere per lo più falliscono a causa della carriera femminile (vedi sopra) – ma questo tra l'altro, a causa del campionamento casuale, meno frequente tra le scienziate rispetto a è il caso dei soci. [15] Tuttavia, questo mostra anche gruppo selezionato di persone estremamente "positivo", che a più di due volte COSÌ molti scienziati Come scienziati IL doppia carriera fallito perché lei stessa non ha avuto carriera (52% vs. 20%).

———————————————

15 Per poter partecipare al sondaggio, dovevano essere in un'università e presso a dei quattro livelli di carriera (compresa la cattedra), vale a dire almeno per l' Al momento dell'indagine, erano impiegati nel sistema scientifico e alcuni di loro lo erano di definizione uno "Carriera" (Vedere. Capitolo 1 In Questo Un libro).

5.6 L'influenza delle costellazioni di coppia su doppia carriera

Sorge ora la domanda fino a che punto coppie diverse costellazioni la realizzazione di doppie carriere per uomini e donne influenzato. Quale delle aspettative formulate nella seconda sezione può essere confermato e quale no? Per rispondere anche a queste domande consegna, divenne (separato per scienziato E scienziati) anche stimato regressioni di probabilità lineare, che a seconda della costellazione di coppiazione la probabilità degli scienziati esprimere, uno doppia carriera dodici anni Dopo diploma di studio A Avere. [16]

5.6.1 Differenze di reddito: Stesso Soldi = Stesso Carriera?

Sono state fissate due aspettative per la costellazione del reddito nelle società di persone gene formulato: Per il UN uno economia di bilancio – genere neutro

–   Presupposto che le doppie carriere siano più probabili probabilità di coppie "a parità di reddito" rispetto alle coppie con reddito divorziato realizzato diventare Potere. Per il altri Sotto inclusione uno fruibilità ineguale di genere delle risorse di potere nella coppia, che le differenze di reddito aumentano solo la probabilità di un doppio diminuire se l'uomo (scienziato o socio) spende di più servi, non Tuttavia Se IL Donna (Scienziato O compagno) UNStesso o anche un reddito più elevato.

Per scienziate con doppi guadagni da un campo occupazionale eterogeneo disposizione appare si IL Primo assunzione A Confermare (Illustrazione 5.3). Perché le doppie carriere sono molto più comuni con lo stesso reddito COME A disuguaglianze di reddito nel Paio. Bugie UN redditodiverso, non gioca un ruolo nella probabilità di una doppia carriera Non importa se guadagna di più la donna o l'uomo. In scienza-omogenea coppie a doppio reddito giocare divario di reddito Tuttavia NO Ruolo per la probabilità di doppia carriera. Una possibile spiegazione zione per IL diverso Influenza IL costellazione del reddito In omogeneo E eterogeneo Partnership con doppio reddito IL Conoscenza- Gli scienziati forniscono i risultati di una precedente analisi dei dati. In Questo Potevo mostrato diventare (Vedere. Hess/Rusconi/Solga 2011a), Quello A scienziati In campo occupazionale eterogeneo partnership IL Valore del loro scientifico Lavoro parzialmente da IL partner in questione collocato

---

16 Accanto a IL modelli di intreccio E IL costellazioni di coppia controllo IL Modelli per ulteriore Caratteristiche, SU IL non più vicino ricevuto volontà (cfr. nota 14).

divenne. A causa della precarietà del lavoro a lungo termine e dell'ampia la cosiddetta fase di qualificazione (termine usato per una persona che chi non ha familiarità con il sistema scientifico può sollevare dubbi potrebbe, fino a che punto si tratta di un lavoro "reale" o meglio è una sorta di studio esteso) potrebbe essere per gli scienziati difficile far rispettare le loro pretese e richieste di carriera i cambiamenti nelle partnership eterogenee del campo professionale sono dati uguali essere avvistato. Di conseguenza, una carriera separata e una doppia carriera essere più fattibile in queste partnership se almeno il Venire simile alto È. Per colpa di uno "condiviso Atteggiamento" per il Professione (Vedere. Hess/Rusconi/Solga 2011a) Potevo In coppie di scienza IL UN- non hanno o hanno solo un ruolo subordinato nei processi negozialigiocare.

Fonte: documentazione "Insieme Carriera Fare"; Proprio calcoli; ponderato Dichiarazioni

La situazione è leggermente diversa per gli scienziati maschi. In primo luogo, nelle partnership professionalmente eterogenee, c'è la probabilità essenziale per la doppia carriera per le coppie con una differenza di reddito molto più alto che per le coppie in cui entrambi i partner guadagnano la stessa cifra. IL-Questa constatazione contraddice pertanto l'ipotesi economica di bilancio. Inoltre dà Esso A IL Anche tanto guadagnare coppie Qui nessuno Differenza tra coppie scientificamente omogenee e professionalmente eterogenee. Questo pone suggerendo che il valore del lavoro degli uomini all'interno o al di fuori di IL La scienza non è valutata diversamente in questo modo Tuttavia A IL scienziati IL caso È (per favore, riferisci Sopra). A tal punto dànon esiste una percezione neutra rispetto al genere del valore del lavoro. Molto di piu dipende dal sesso della persona che fa il lavoro, così come del rapporto con la rispettiva occupazione del partner. Poi a causa della segregazione occupazionale orizzontale, maschile e femminile lich compagno IL scienziati In IL diverso professioni distribuito in modo diseguale. [17]

Sebbene le differenze tra gli scienziati maschi in le partnership eterogenee del campo professionale sono più grandi, il reddito relazione anche nel caso di intrecci accademicamente omogenei Ruolo. In quest'ultimo caso, gli scienziati avevano più dei loro partner guadagnato, una maggiore probabilità di doppia carriera sia in pari ai loro colleghi, che guadagnavano quanto i loro partner, quando anche ai (pochi) colleghi che guadagnano meno dei loro compagni Questa scoperta contraddice anche la seconda aspettativa formulata zione, perché la doppia carriera dovrebbe essere riscontrata meno frequentemente in quelle coppie A dove l'uomo merita di più.

In sintesi, entrambe le ipotesi circa l'influenza del reddito le differenze nelle partnership non sono né chiaramente confutate né confermate essere preso. Uguale reddito significa – soprattutto nei partner scienziati maschi – non automaticamente un "uguale". sicurezza" delle opportunità di carriera nel partenariato, né una risorsa la disuguaglianza inevitabilmente raddoppia le carriere – nemmeno se l'uomo guadagna il reddito più alto. I risultati mostrano anche che il rapporto di reddito Prima qualunque cosa uno ruolo A campo occupazionale eterogeneo coppie svolge, in cui a causa delle diverse professioni esercitate, l'emergenza necessità di ulteriore "lavoro di mediazione" o spiegazione del rimanere requisiti di carriera E -logiche consiste (Vedere. Hess/Rusconi/ Solga 2011a). Ciò dimostra che negli accordi eterogenei occupazionali IL scienziati Piuttosto In IL Posizione erano, doppia carriera (E quindi una carriera propria) se sono tanto quanto la tua I partner hanno guadagnato, mentre i partner erano più propensi a farlo quando il loro Il reddito era superiore a quello dello scienziato. Questo potrebbe essere un indizio garantire che i negoziati in partenariati su e il la percezione del valore del lavoro non è né neutrale rispetto al genere né rispetto all'occupazione Sono.

---

17 Dei partner occupati (professionalmente eterogenei) all'epoca, il I partner degli scienziati molto spesso lavorano come insegnanti (31% vs. 7% dei partner ner), mentre è più probabile che i partner maschi delle scienziate lavorino nel mondo degli affari direzione aziendale, consulenza e controllo (21,5% vs. 5% dei soci) o come in- formattatore (26% vs. 7%) E ingegneri (16% vs. 4%) erano attivi.

5.6.2 *Costellazione dell'età: Va IL più vecchio Prima?*

Al di là del reddito, la seconda sezione è diventata aspettativa formulato che le doppie carriere sono più comuni nelle coppie con età atipica si verificano costellazione, cioè nelle coppie in cui le donne (scientifica lavoratori O Partner) più vecchio COME suo Uomini Sono. Lo stesso si ipotizzava una sincronizzazione dei requisiti di carriera con pari le partnership portano a una minore probabilità di raddoppiare razione - specialmente in di Scienze - guidare Potere.

La Figura 5.4 mostra che le scienziate nel mondo accademico Piace E campo occupazionale eterogeneo accordi a doppio reddito IL La costellazione dell'età gioca solo un ruolo subordinato. la probabilità onestà per doppia carriera È simile alto In partnership con o senza differenza d'età così come indipendente di quella, chi – donna o uomo – il più anziano è nella società. Per la domanda se dopo molti gene accordi per un singolo lavoratore doppia carriera possibile Sono, gioca IL La costellazione dell'età, d'altra parte, gioca un ruolo importante. Ottenere una carta Rif nonostante a lungo interruzione avere successo con uno chiaramente più alto Probabilità di scienziate in collaborazioni della stessa età dieci. [18] Lo stesso vale per gli scienziati maschi con molti anni di esperienza accordi per un singolo lavoratore. Anche qui c'erano doppie carriere anni di inattività del partner con maggiore probabilità probabilità negli scienziati con un pari o (tipicamente) per trovare un partner più giovane.

IL è chiamato contemporaneamente, In colleghi partnership consiste da un lato un rischio più elevato per gli accordi a capofamiglia unico (cfr. capitolo 2 in questo libro), d'altra parte, ma anche una maggiore possibilità di ciò in un secondo momento È ora di espandere le carriere per entrambi i partner. un possibile La spiegazione ovvia per questo sarebbe che non solo, ma soprattutto, partner della stessa età aspettarsi che due lavori portino a contraddizioni e conflitti delle esigenze lavorative di due carriere. IL- ser "Incompatibilità" tentativo Lei graduale con uno tradizionale divisione del lavoro E IL concentrazione SU soltanto uno (IL maschio) Carriera scappare. C'è quindi un vantaggio per il partner maschile e la sua carriera "assicurata", può seguire la carriera del partner.

La maggiore difficoltà delle coppie coetanei, nonostante una lunga data accordi a doppio reddito uno doppia carriera A rendersi conto diventa particolarmente evidente tra gli scienziati di sesso maschile (Figura 5.4). scienziato con uno colleghi compagno avevo in particolare In scientificamente omogeneo, Ma Anche In campo occupazionale eterogeneo coppie uno

---

18 A causa del numero insufficiente di casi per le unioni monoreddito in cui la conoscenza partner era più vecchio del suo partner, questa costellazione di età atipica non lo è Qui ricevuto.

chiaramente minore Doppia probabilità di carriera COME suo Colleghi In Società di persone in cui la differenza di età per una parificazione parziale dei requisiti professionali è stato utile. La più alta probabilità Tuttavia, gli scienziati maschi avevano anche il potenziale per una doppia carriera una costellazione di età atipica. Questo vale soprattutto per la scienza omogeneo rapporti di coppia: scienziato con uno più vecchio compagno avevano il doppio delle probabilità di avere una doppia carriera rispetto ai loro coetanei posare con un (tipico) partner più giovane. In effetti, il "anziano- ren" i partner sono stati in grado di utilizzare meglio il loro vantaggio di età In Proprio carriere E attraverso questo In doppia carriera strumento. possibileC'erano spesso partner che, a causa di un vantaggio di età, erano nel loro carriere Già Avanzate erano, meno pronto, Questo A le difficoltà al disposizione A posto, COME IL Partner, A quellil'uomo era avanzato nello sviluppo professionale. O ma I partner con un vantaggio di età nella partnership dovevano venire aspettati meno svantaggi quando fai compromessi professionali, dal momento che già lo fanno assicurato posizioni O Anche posizioni di vertice (Come uno cattedra) raggiunto avevo.

In sintesi, si può vedere che la doppia carriera è molto bassa probabilità tra gli scienziati di sesso maschile in omosessuale coppie comuni a doppio reddito (cfr. sezione 5.5) in parte al livello superiore la percentuale di unioni della stessa età può essere fatta risalire – perché questo coppie Avere più grandi Le difficoltà, tempo- E pari stato due carriere realizzarsi nella scienza. Inoltre, per i partner a doppio reddito osservabile che un atipico costellazione di età In IL fatto Meglio Possibilità per doppia carrieraofferte.

5.6.3 *Bambini: doppia carriera soltanto senza Bambini)?*

I bambini dovrebbero - quindi l'aspettativa - anche con coppie a doppio reddito Restrizioni alla carriera delle donne (scienziate o partner rin) e quindi portare a doppie carriere. Inoltre, è diventato teorico È ragionevole prevedere che questa (doppia) carriera rischi sia in ambito scientifico albero-omogeneo COME Anche In campo occupazionale eterogeneo partnership altoÈ.

Per scienziati con campo occupazionale eterogeneo doppio percettore costellazione durata indipendente dal Essere disponibile da bambini uno probabilità altrettanto elevata di una doppia carriera (Figura 5.5). 19 Lo stesso soltanto piccolo differenze dà Esso fra scienziati con e senza figli in coppie bireddito accademicamente omogenee. In questo caso, la probabilità di doppia carriera per le madri era persino leggermente superiore rispetto alle scienziate senza figli. Allo stesso tempo, questo significa che scienziati con di lunga data accordi a doppio reddito IL Il fallimento o il successo professionale dei due partner non dipende principalmente dal la responsabilità per i bambini è stata dipendente.

La situazione è diversa per le scienziate con accordi monoreddito a lungo termine. Qui, senza figli scienziati uno 3 volte COSÌ altezza Doppia probabilità di carriera come i suoi colleghi con almeno un figlio biologico. Un possibile Spiegazione per questo è che queste (poche) donne sono senza responsabilità non svolgere alcun lavoro (retribuito) per un bambino per lungo tempo, questa fase potrebbe utilizzare per acquisire ulteriori qualifiche, in modo che il loro successivo migliori opportunità di carriera ridotto Avere.

Nella sinossi di questi risultati, è chiaro per gli

scienziati garantire che solo nel caso di accordi monoreddito a lungo termine le opportunità si realizzino sec per uno doppia carriera con IL nascita da bambini ridurre. Avere successo

---

19 A quel tempo, il 64% degli scienziati aveva almeno un figlio biologico (coppie scientificamente omogenee 59%, professionalmente eterogenee 63%). scienziati con Prima di lunga data accordi per un singolo lavoratore erano sopra la media Spesso madri (83%).

Fonte: documentazione "Insieme Carriera Fare"; Proprio calcoli; ponderato Dichiarazioni

Se guardi gli scienziati con i bambini, tuttavia, vedi qualcosa immagine diversa. Innanzitutto, ne realizzano meno spesso due con i loro partner Carriere accademiche con figli che senza. Al contrario, gioca in secondo luogo, i bambini nella realizzazione delle doppie carriere occupazionali rogen coppie a doppio reddito, cioè se il partner è al di fuori di senschaft è impiegato, non importa. [20] scienziati e i loro partner A con campo occupazionale eterogeneo disposizione a doppio reddito avevo uno quattro volte così altezza probabilità con (o nonostante) bambino uno doppia carriera

---

[20] A Questo tempo avevo 56% IL scienziato almeno UN corporeo Bambino. maschio scienziato In scientificamente omogeneo coppie a doppio reddito erano senza figli leggermente più spesso dei loro colleghi in relazioni professionali eterogenee (52% vs. 37%).

per rendersi conto di come i loro colleghi con arrangiamenti scientificamente omogenei mento. Nel caso di quest'ultimo, le doppie carriere sono fallite principalmente a causa della carriera altri partner che sono anche scientificamente attivi, ma anche in una certa misura nella carriera degli scienziati. Cioè, la nascita dei bambini conduce te più spesso entro IL Scienza A uno (almeno temporaneo) Interruzione della carriera che nelle attività al di fuori. Terzo, erano - in differenza A IL scienziati – IL Basso Doppie opportunità di carriera A accordi per un singolo lavoratore (cioè IL compagno era non impiegato) non per la presenza di bambini.

Data la responsabilità primaria delle compagne di sesso maschile scienziati chen per l'assistenza all'infanzia e un uso meno frequente da esterno strutture O linee di cura Attraverso Terzo (Vedere. Il capitolo 3 di questo libro e Hess/Rusconi 2010) sottolinea la differenza tra partnership scientificamente omogenee e professionalmente eterogenee degli scienziati di sesso maschile ha sottolineato che il tempo risposta per i bambini peggio con i requisiti spazio-temporali da carriere scientifiche è compatibile COME con carriere al di fuori di.

5.6.4 *Disposizioni abitative: Mobile E riuscito?*

dato IL alto esigenze di mobilità per colpa di da
temporaneo contratti così come (diversa a seconda
della disciplina) soggiorni all'estero come parte della
carriera scientifica era previsto da un lato, che le
sistemazioni multilocali sono più comuni tra le coppie
accademiche gli spread lo sono. D'altra parte, si
presumeva che le sistemazioni abitative "immobili".
menti, cioè vivere in un luogo comune senza
spostamenti o con pendolarismo quotidiano, con
svantaggi per la realizzazione di doppie carriere sono
collegati - e questo in misura maggiore nel caso di quelli
scientificamente omogenei al settore professionale
coppie eterogenee a doppio reddito.

Prima di tutto, va notato che quasi i due terzi degli
scienziati vivevano nello stesso posto dei loro partner,
in modo che loro o i loro partner i dipendenti non
dovevano recarsi al lavoro affatto o al massimo tutti i
giorni. Qui- da un lato, ci sono le differenze tra campo
occupazionale eterogeneo e scientificamente omogeneo
coppie a doppio reddito parente piccola quantità (66%
vs. 60%). Tuttavia, gli scienziati vivevano in comunità
scientificamente omogenee Le coppie vivono in luoghi
separati quasi il doppio delle loro colleghe nelle coppie
eterogenee (22% vs. 13%), mentre le seconde sono più
frequenti disposizioni per il pendolarismo a lunga
distanza guidato. [21] Per il altri vissuto Scienziato-

---

[21] Le differenze tra partner accademicamente omogenei e
professionalmente eterogenei i legami sono più
pronunciati tra gli scienziati uomini che tra quelli
donne. A proposito Inoltre, in tutte le unioni a doppio
reddito, gli uomini facevano il pendolare più
frequentemente (the scienziato O IL Compagno) COME
IL via le donne.

A con UN- O accordi per un singolo lavoratore più spesso In "immobiliare" disposizioni abitative (75% O. 70%). IL concentrazione SU soltanto uno occupazione O Carriera abilitato con esso In più alto Dimensioni IL Partner che vivono insieme nello stesso luogo. accordi a doppio reddito necessario Tuttavia più spesso – Tuttavia non maggioranza – multilocale disposizioni abitative.

Tuttavia, si pone la questione se l'alloggio multi-locale in realtà "ricompensa" e se sì, per quali coppie? La figura 5.6 lo mostra per le scienziate multilocalità, soprattutto in partnership con settori professionali eterogenei uno maggiore probabilità di doppia carriera. la scienza scienziati con campo occupazionale eterogeneo Relazioni di coppia LAT avevo una maggiore probabilità di doppia carriera rispetto ai loro coetanei donne che vivevano nello stesso luogo con il proprio partner, ma soprattutto in subito con i suoi colleghi in collaborazioni accademicamente omogenee Disposizioni LAT. [22]

---

[22] Per colpa di A inferiore numeri di caso diventa SU Alcuni disposizioni per il pendolarismo a lunga distanza così come SU UN- accordi di guadagno non più vicino ricevuto.

Il fatto che accordi di vita multi-locali per scienziati con scientifica i rapporti di coppia omosessuali non sono vantaggiosi, non significa, però, che sono svantaggiosi. Così sono le differenze tra questi le lavoratrici con condizioni abitative mobili e immobili relativamente basse.Incluso dà Esso soltanto uno Eccezione: scienziate IL se stesso per il il pendolarismo a lunga distanza per andare al lavoro non ha avuto un valore più alto, ma significativamente inferiore meno probabilità di avere una doppia carriera rispetto ai loro colleghi "immobili". Tuttavia, quest'ultimo vale anche per le coppie con occupazioni eterogenee. doppia carriera ren ha fallito qui principalmente a causa della carriera mancante del partner. IL Il pendolarismo a lunga distanza di queste scienziate non era quindi svantaggioso per loro propria carriera, ma per la doppia carriera in Paio.

Anche i risultati per gli scienziati maschi lo suggeriscono multilocalità IL opportunità per uno Proprio Carriera IL partner E quindi per una doppia carriera di coppia nonostante tanti anni di inattività capacità del partner può aprirsi. Scienziati con molti anni di suola Gli accordi di servizio avevano quindi una percezione della doppia carriera significativamente più alta probabilità se abitassero in luoghi separati. Una comparativa aveva anche un'alta probabilità di avere una doppia carriera Ier con campo occupazionale eterogeneo accordi a doppio reddito – Tuttavia relativamente indipendenti dalla loro sistemazione abitativa. Al contrario di sapere- Nelle unioni professionalmente eterogenee, lo faranno le coppie omosessuali Vita al Stesso Posizione non con minore Doppie opportunità di carriera "Essere- punisce". [23] Uno possibile Spiegazione per questo bugie In al da partner professione di insegnante frequentemente esercitata (cfr. Sezione 5.1), con la quale il vivere e lavorare in un posto sembra essere più possibile - e questo, senza essere limitato nello sviluppo professionale adeguato Essere. [24]

In sintesi Potere Uomo tenere stretto, Quello scientificamente omogeneo Partnership con doppio reddito più spesso con multilocale tipologie abitative accompagnato COME campo occupazionale eterogeneo. Soltanto per maschio scienziato potrebbe essere confermata l'aspettativa che le sistemazioni abitative "immobili". con maggiori svantaggi per la realizzazione di progetti scientificamente omogenei tendono ad essere associati a doppie carriere che sono eterogenee nel campo occupazionale. a sottolineare È Anche IL eccezionale positivo Influenza da multilocale disposizione abitativa

---

23 Come per le scienziate, la probabilità di una doppia carriera scientifica partnership omogenee ancora più basse per gli scienziati che lavorano a distanza delten. Tuttavia, come con i suoi colleghi, ciò non ha diminuito le possibilità per uno dei suoi Carriera, Piuttosto per IL Carriera IL compagno (E di conseguenza per doppia carriera).

24 Nonostante la responsabilità degli stati federali per gli insegnanti, ciò che si muove oltre i confini statali formalmente più complicato, lo ha dimostrato un sondaggio delle università tedesche Le amministrazioni universitarie si sono quindi viste nella posizione di supportare la ricerca di lavoro del partner mento dei professori di nuova nomina e quindi la vita e il lavoro dei soci un luogo comune se lavoravano come insegnanti (cfr. Russia coni/Solga 2002; Solga/Rusconi 2004).

menti per le carriere dei partner con lunghi periodi di lavoro mancanza E di conseguenza anche per la realizzazione delle doppie carriere nelle società di persone in cui è esercitata un'attività lucrativa compito è stato "rinunciato".

Tuttavia, le disposizioni abitative sono – come qualsiasi disposizione intrecciata – dinamico e può cambiare nel tempo, con requisiti e con possibilità di cambiamento. Per quanto riguarda la questione se la scienza ne accoppi uno più alto dinamica IL disposizioni abitative soggetto COME coppie, A quellii partner sono attivi al di fuori della scienza, si è scoperto che questo soltanto A maschio scienziati IL caso È. Scarso UN Trimestre IL scienziato maschio con una disposizione eterogenea del campo occupazionale nessun cambiamento nella sistemazione abitativa a causa di un cambio di datore di lavoro il partner, mentre tale stabilità solo in uno scienziato potrebbe essere trovato con una disposizione scientificamente omogenea. Le differenze tra le scienziate, invece, erano molto basse: su qualcosa più scienziate in accademicamente omogenee che in occupazioni rogens partnership avevo IL Partner nessun cambio di datore di lavoro, il ai cambiamenti di al sistemazione abitativa (17% vs. 11%).

Nelle coppie a doppio reddito con occupazioni eterogenee, era particolarmente scienziati maschi, ma anche tra le scienziate, la doppia carriera probabilità maggiore se il partner non ha un datore di lavoro c'è stato un cambiamento che ha portato a cambiamenti nella disposizione abitativa (Fig. 5.7). È quindi più probabile che le doppie carriere vengano raggiunte da quelle coppie in cui il attività professionale dei soci nessun (aggiuntivo) adeguamento alla mobilità portato con sé. Questa scoperta suggerisce che le partnership e le doppie carriere richiedono una certa stabilità. Anche se anche quello Se la differenza è un po' più piccola, lo stesso vale per i maschi Scienziate con un solo salario e per scienziate con un solo salario accordi, cioè in cui la donna (compagna o ricercatrice) rin) non viene impiegato da molto tempo. In doppio scientificamente omogeneo coppie percettrici di reddito, d'altra parte, non c'era differenza tra la conoscenza lavoratrici i cui partner non hanno o hanno uno o più lavoratori "mobili". ha cambiato datore di lavoro. Questo a sua volta significa che questo scienziato A per quanto riguarda IL realizzazione da doppia carriera meno da IL stabilità del luogo di residenza dei loro partner rispetto alle loro colleghe Partner con attività al di fuori della scienza. Perché con loro lo era Rischio superiore alla stabilità spaziale (anche) nei loro partner con la carriera restrizioni. Cioè, sebbene un'attività del partner/ IL compagno In IL Scienza non assolutamente più spesso con mobile cambiare datore di lavoro va d'accordo COSÌ Sono Ma In IL Scienza Questo modifica Piuttosto necessario, in giro educativo E età appropriata posizioni A e quindi anche di unire le doppie carriere (scientificamente omogenee). vero.

5.6 *Conclusione*

In questo capitolo le conseguenze degli schemi di intreccio nel Storia occupazionale delle società di persone per la realizzazione della propria carriera (Scienza) ed esaminato per la doppia carriera. Inoltre-fuori erano le diverse opzioni delle coppie a causa della loro costellazioni di coppia, Responsabilità per Bambini E disposizioni abitative esplorato.

In generale, mostra , *in primo luogo* , che ci sono più scienziati di Le scienziate sono riuscite a trovare posizioni professionali adeguate all'istruzione e all'età (a dodici anni dalla laurea: 86% vs. 73%). Nonostante questo Tuttavia, le alte percentuali di accademici con una carriera erano *seconde* doppia carriera non c'è modo IL predominante associazione organizzaremento; perché solo la metà degli scienziati e due quinti dei scienziato realizzato uno doppia carriera nel Paio. Nonostante più alto Immagine

letame E partecipazione al lavoro nel Partner È IL realizzazione delle doppie carriere nei partenariati accademici quindi nessuna fiducia in se stessi fermezza. *In terzo luogo,* le doppie carriere per lo più falliscono a causa della "scomparsa la carriera della donna. In quasi ogni seconda collaborazione nella scienza scienziati uomini e ogni sesta donna scienziata in grado di conseguire un'istruzione e una posizione professionale adeguate all'età. Ciò significa che in queste partnership c'era una priorità della carriera del partner maschile invece. D'altra parte, le donne in società ne avevano uno carriera, poi dentro di solito "insieme" a lei Compagno.

Non solo le donne hanno meno probabilità di ottenere carriere adeguate alla loro istruzione ed età, posizioni, avevano anche frequenti (lunghi) periodi di inattività compito. Nel periodo da sei a dodici anni dopo la laurea quasi una scienziata su sette pratica un accordo a reddito singolo, principalmente a causa del congedo parentale o della disoccupazione era impiegato. Al contrario, quasi un terzo erano loro colleghi l'unico capofamiglia nella partnership. Secondo il mito della carriera, dovrebbe questi scienziati maschi grazie alla loro connessione a lungo termine con il mercato del lavoro combinato con il sostegno di un disoccupato ge partner che hanno le "migliori" opportunità di carriera. Contrariamente a questo mito mostrano i risultati di questo capitolo che un genere così tipico La divisione del lavoro nella coppia non "vale la pena" in quanto influisce sulle prospettive di carriera delle donne (nella migliore delle ipotesi solo a breve e medio termine), ma a nessuno vantaggio per le carriere degli scienziati uomini. la carriera secondo remythos, le scienziate dovevano farlo, ma no i loro colleghi maschi, si aspettano svantaggi di carriera se sono d'accordo accordi di servitù con interruzioni più lunghe del proprio professionista capacità praticato. IL Differenza fra maschio E femmina scienziati e tra madri e scienziati senza figli correre con accordi per un singolo lavoratore chiarito Tuttavia, Quello non ogniLa non occupazione (a lungo termine) di per sé porta a uno svantaggio, ma soprattutto quando ciò è dovuto al congedo parentale o alla disoccupazione Fatto. Se invece questo tempo viene utilizzato per ulteriori qualificazioni, poi mette questa disposizione non un ostacolo alla carriera.

Per le doppie carriere, invece, il quadro è diverso: da un lato, il divenire Le doppie carriere si realizzano molto meno frequentemente delle carriere individuali, dall'altro le differenze a seconda della disposizione dell'intreccio sono notevolmente inferiori ing. Specialmente scienziate con accordi di doppio reddito a lungo termine i gementi avevano una doppia carburazione con una probabilità molto simile come i

suoi colleghi che non sono impiegati per lunghi periodi o chi (raramente) che erano gli unici capifamiglia. Lo stesso valeva per i maschi Studiosi con accordi di reddito unico e (meno comunemente) a reddito singolo rispetto ai loro colleghi in lavoratori a doppio reddito con occupazioni eterogenee partnership. Da un lato chiude COSÌ IL genere tipico (Ma anche atipico) "rinuncia" a lungo termine a un'attività lucrativa non necessariamente fig dopo le doppie carriere, dall'altro le (spesso faticose) a lungo termine realizzazione genica e coordinamento di due lavori nessuno garanzia per doppia carriera. IL è chiamato, accordi a doppio reddito
non "proteggere" dal dare priorità allo sviluppo professionale (a la maggior parte del tempo il des partner maschile) (cfr cap 4 in questo Un libro).

Il vantaggio mancante degli accordi a doppio reddito per la doppia auto- razione è particolarmente evidente nel caso di partenariati accademicamente omogenei. La realizzazione di due carriere ha successo, soprattutto per gli uomini scienziati, ma anche tra le loro colleghe - molto più raramente, se entrambi i partner perseguono carriere accademiche che se i partner ner al di fuori di Di campo professionale Scienza impiegato Sono. Nonostante lungo- anni di lavoro, sono soprattutto le compagne (science collaboratori o partner di scienziati) che non sono adeguati erano occupati. I risultati sull'influenza della costellazione dell'età nel Le collaborazioni degli scienziati maschi suggeriscono che una causale La ragione di ciò sta nelle maggiori difficoltà delle coppie, del tempo e dello status realizzare due carriere scientifiche contemporaneamente. Uno sviluppo (correlato all'età). C'è una distorsione della sincronizzazione di requisiti professionali (simili). dopo favorevole alla doppia carriera. In considerazione di ciò, vedetevi soprattutto coppie della stessa età, almeno temporaneamente con questa incompatibilità una tradizionale divisione del lavoro (vedi capitolo 2 in questo libro) o a Dare priorità allo sviluppo professionale del partner maschile anziano Questo strategia chiude questo è Dopo doppia carriera non fuori da (Comeanche i risultati per le scienziate con reddito unico tradizionale arrangiamenti dello spettacolo), ma è indubbiamente piuttosto rischioso e coinvolgente uno svantaggio (nella migliore delle ipotesi solo temporaneo) per le donne ben qualificate e contribuisce alla (ri)produzione di disuguaglianze nel mondo del lavoro e in nership.

Anche i risultati per gli scienziati maschi lo chiariscono Le coppie hanno anche maggiori difficoltà a due carriere scientifiche rendersi conto di quando sono responsabili dei bambini. Che questo non lo è può essere osservato nelle scienziate si trova, tra le altre cose, nel loro - uso molto più frequente e precoce di cure esterne strutture e servizi di supporto forniti da terzi (vs supporto materiale da parte dei partner presso gli scienziati; Vedere. Capitolo 3 in questo libro e Hess/Rusconi 2010; Hess/Rusconi/Solga 2011a). IL è chiamato, Bambini Significare non da Vedere UN interruzione della carriera per donne – nemmeno nella scienza – ma dipende in larga misura da le rispettive modalità di cura (vedi capitolo 3 in questo libro). Tuttavia, il fatto che gli scienziati maschi siano occupati Le partnership terogeniche doppie carriere con figli sono più possibili COME In coppie di scienza (Là IL partner con professioni al di fuori di IL Scienza con meno svantaggi per IL Proprio Carriera calcolare dovuto), dovrebbero incoraggiare le università e le istituzioni scientifiche a farlo cercare soluzioni specifiche per la fase della vita, oltre che scientifiche sistema e i suoi requisiti di carriera possono essere progettati in modo più flessibile (Vedere. Hess/Rusconi/Solga 2011b).

Un altro ostacolo alla realizzazione di una doppia

carriera: avanti specialmente nella scienza - rappresentano i requisiti di mobilità. Anche se coppie di scienza soltanto in parte più spesso COME campo occupazionale eterogeneo coppie praticare accordi abitativi multilocali e adattarli al lavoro sen (must) è una tale "mobilità" per le carriere scientifiche Piuttosto necessario. Datore di lavoro – E In Grande collegi E Conoscenza- strutture aziendali - può iniziare con la creazione e l'espansione di Servizi di doppia carriera e con offerte di lavoro per i partner contribuiscono al fatto che "fare carriera insieme" non è sinonimo tendenza con una separazione spaziale di lunga data, se non permanente IL compagno È; O Quello per UN Vivendo insieme SU uno adeguata sviluppo professionale (se non occupazionale) uno dei il partner è esonerato.

In realtà doppia carriera E non "soltanto" coppie a doppio reddito per promuovere, le offerte di doppia carriera dovrebbero, da un lato, essere già per le coppie In prima Le fasi di carriera dovrebbero essere disponibili (e non solo da la cattedra), dall'altro, essere adeguato alle qualifiche dei soci e offrire una visione di (ulteriore) sviluppo professionale (cfr. Hess/Rusconi/ Solga 2011b). Poi Come IL riscontri Questo Capitolo mostra chiaramente è anche nel caso delle coppie accademiche, lunghe (!) e spesso complicate diritto di mantenere due lavori non sinonimo di o una garanzia per la realizzazione della doppia carriera. Per questo motivo Le coppie farebbero bene a non svolgere alcuna attività lucrativa con il risultato equivalgono a una carriera (cfr. anche cap 1 in questo Un libro).

FINE

Descrizione

Tutto sommato, fabbricare una vocazione fruttuosa non è certamente un risultato semplice, tuttavia è concepibile quando si hanno le giuste prospettive, capacità e contegno. Ricorda che il successo non riguarda solo il raggiungimento dei tuoi obiettivi, ma anche il mantenimento di un equilibrio tra attività serie e divertenti, il supporto delle connessioni e l'aggiunta al pubblico in generale. Il tuo processo professionale potrebbe essere pieno di tempi promettenti e meno promettenti, tuttavia è fondamentale rimanere versatili, adattabili e pronti a trarre vantaggio dai tuoi errori. Alla fine, fare una professione insieme è legato alla creazione di una vita soddisfacente per te e per tutti quelli che ti circondano. In bocca al lupo per la tua escursione!